乡村振兴·农村干部赋能丛书

农产品质量安全与管理

NONGCHANPIN
ZHILIANGANQUANYUGUANLI

高　艳 ◉ 主编

济南出版社

图书在版编目（CIP）数据

农产品质量安全与管理 / 高艳主编 . -- 济南：济南出版社，2024. 10. --（乡村振兴）. -- ISBN 978-7-5488-6574-2

Ⅰ . F326.5

中国国家版本馆 CIP 数据核字第 20240BJ881 号

农产品质量安全与管理

高　艳　主编

出　版　人　谢金岭
图书策划　朱　磊
出版统筹　穆舰云
特约审读　于　洋
特约编辑　张韶明
责任编辑　刘秋娜
封面设计　王　焱

出版发行　济南出版社
地　　　址　山东省济南市二环南路 1 号（250002）
编　辑　部　0531-82774073
发行电话　0531-67817923　86018273　86131701　86922073
印　　　刷　济南鲁艺彩印有限公司
版　　　次　2024 年 10 月第 1 版
印　　　次　2024 年 10 月第 1 次印刷
成品尺寸　185mm×260mm　16 开
印　　　张　10
字　　　数　207 千
书　　　号　978-7-5488-6574-2
定　　　价　32.00 元

如有印装质量问题　请与出版社出版部联系调换
电话：0531-86131736

前言

2024年中央一号文件提出，加强食用农产品产地质量安全控制和产品检测，提升"从农田到餐桌"全过程食品安全监管能力。推进兽用抗菌药使用减量化行动。强化重大动物疫病和重点人畜共患病防控。

为提升农产品质量和生产管理水平，培养生产、服务、管理第一线的农业职业人才，编写了本书。本书可供农业种植、养殖、农业经济管理等相关专业教学使用，也可作为相关专业人员参考书使用。

本书构思新颖、内容丰富，以行动导向的教学模式为依据，以岗位能力和工作任务为主线设计教学内容，遵循职业教育的特点和规律，引导学生主动学习。本书系统介绍了农产品质量安全生产、农产品质量安全认证和农产品质量安全管理体系等内容，为农产品安全生产和管理、开展农产品认证、建立健全农产品全链条可追溯体系提供参考，培养学生农产品质量安全意识，树立大农业观、大食品观。

本书编写人员均有多年教学和生产实践经验，本书内容实用性和针对性强。本书第一模块由高艳、孙燕编写；第二模块由杜钦祥、孙振云、陈芬芬编写；第三模块由高艳、王鹏志、张平平编写；第四模块由张凤景、唐巍巍、胡原野编写。

本书在编写过程中得到中共济宁市委组织部的指导和帮助，在此表示衷心感谢！由于编者水平有限，书中难免存在不足之处，敬请读者批评指正。

编　者

2024 年 9 月

目　录

模块一　农产品质量安全现状

学习目标

1. 掌握农产品、食品的含义和两者之间的区别；
2. 牢记农产品质量安全的概念和含义；
3. 了解我国农产品质量安全现状及存在的问题；
4. 明确提高我国农产品质量安全的重要意义。

工作任务

对农产品生产和加工企业职工进行安全生产理论培训，让职工牢记农产品质量安全的概念和含义，了解农产品质量安全的重要性，认识农产品质量安全的发展现状和前景，提高对农产品质量安全的宏观认识，提高工作责任心和使命感，树立生产优质安全的农产品、保障人民餐桌安全的理念，为上岗就业做好准备。

法律/政策导航

《中华人民共和国食品安全法》（以下简称《食品安全法》）第一百五十条规定：食品，指各种供人食用或者饮用的成品和原料以及按照传统既是食品又是中药材的物品，但是不包括以治疗为目的的物品。

《中华人民共和国农产品质量安全法》（以下简称《农产品质量安全法》）第二条规定：本法所称农产品，是指来源于种植业、林业、畜牧业和渔业等的初级产品，即在农业活动中获得的植物、动物、微生物及其产品。本法所称农产品质量安全，是指农产品质量达到农产品质量安全标准，符合保障人的健康、安全的要求。

项目一 农产品质量安全现状

▪️ 任务一 认识农产品质量安全 ▪️

"民以食为天，食以安为先"，农产品质量安全是一个关系到人类身体健康和生命安全的重大社会问题。21世纪以来，随着农产品贸易全球化的推进，农产品质量安全日益成为全球关注的公共卫生问题，也是关系到国家经济发展和国际形象的经济与政治问题，各国政府都非常重视农产品质量安全。因此，提高农产品质量安全成为当前农产品生产加工业的紧要任务。

一、农产品和食品

（一）农产品的概念

《农产品质量安全法》第二条规定，农产品是指来源于种植业、林业、畜牧业和渔业等的初级产品，即在农业活动中获得的植物、动物、微生物及其产品。农业活动，指传统的种植、养殖、采摘、捕捞等农业活动，以及设施农业、生物工程等现代农业活动。植物、动物、微生物及其产品，指在农业活动中直接获得的，以及经过分拣、去皮、剥壳、干燥、粉碎、清洗、切割、冷冻、打蜡、分级、包装等加工，但未改变其基本自然性状和化学性质的产品。

从用途上看，农产品不仅包括来源于农业的可食用产品，还包括来源于农业的非食用产品。《食用农产品市场销售质量安全监督管理办法》第四十九条规定，食用农产品，指来源于种植业、林业、畜牧业和渔业等供人食用的初级产品，即在农业活动中获得的供人食用的植物、动物、微生物及其产品，不包括法律法规禁止食用的野生动物产品及其制品。即食食用农产品，指以生鲜食用农产品为原料，经过清洗、去皮、切割等简单加工后，可供人直接食用的食用农产品。非食用农产品是指不能直接用来食用的农产品，如棉花、烟草、树皮、皮毛、麻油和其他一些直接作为化工原料的初级农产品。随着世界农业的快速发展、农产品自身链条的不断延长，农产品涵盖的范围不断向更深和更广的领域延伸。

从范围上看，农产品不仅包括农业的初级农产品，还包括初级农产品的加工品和制成品。比如，我国《无公害农产品管理办法》所涉及的农产品，是指未经加工或者初加工的食用农产品。日本《农林产品标准化和质量标识法》第二条第一款中所提到的"农林产品"是指：第一，饮料、食物、油料和脂类；第二，农产品、林产品、畜产品和水产品，以及用这些产品作为原料或成分的加工产品。

（二）食品的概念

《食品安全法》第一百五十条规定，食品是指各种供人食用或者饮用的成品和原料以及按照传统既是食品又是中药材的物品，但是不包括以治疗为目的的物品。《食品工业基本术语》对食品的定义：可供人类食用或饮用的物质，包括加工食品、半成品和未加工食品，不包括烟草或只作药品用的物质。从食品卫生立法和管理的角度，广义的食品概念还涉及：所生产食品的原料，食品原料种植、养殖过程接触的物质和环境，食品的添加物质，所有直接或间接接触食品的包装材料、设施以及影响食品原有品质的环境。国际食品法典委员会 193 号法典中提到的"食品"主要包括植物源性加工食品、动物源性加工食品、多种成分的加工食品、其他可食用品。加拿大食品与药品法将食品定义为经过加工、销售及直接作为食品和饮料为人类消费的物品，包括口香糖和以任何目的混合在食品中的各种成分及原料。

（三）农产品和食品的关系

食品和农产品有着密切的关系，在许多方面很难区分。总体上说，农产品侧重于生产环节，其涵盖的来源于农业生产活动的动物、植物和微生物产品，属于第一产业的产品；而食品是指可供人食用或饮用的物质。农产品通常只经过采摘、分拣、清洗等简单加工，直接供应给市场或加工成食品。而食品则需要通过一系列的加工工艺，如烹调、高温灭菌、腌制等。

食用农产品在食品的广义范围内，是未加工或初加工的食品。食品还包含各种加工和深加工的可供人食用或饮用的物质。本书中的农产品主要是指在农业活动中直接获得的，以及经过分拣、去皮、剥壳、干燥、粉碎、清洗、切割、冷冻、打蜡、分级、包装等初级加工，但未改变其基本自然性状和化学性质的食用农产品。

表 1.1 - 1 农产品和食品的区别

	农产品	食品
定义	是农业中生产的物品，有食用的，有不能食用的，如林业产品中的原木、原竹等。	指供人食用或者饮用的成品和原料。
性质	初级农产品是指在农业活动中获得的植物、动物、微生物及其产品，不包括经过加工的各类产品。	各种供人食用或者饮用的成品和原料。
价值功能	不同的农产品有不同的价值。除了可以食用的农产品，还有生活上的用品，如用于纺织的棉花和用于制作涂料、造纸的天然树脂等。	能提供人体所需的营养素和能量，满足人体的营养需要。
行业分类	第一产业产品。	第二产业产品。

二、农产品质量安全

《农产品质量安全法》所称农产品质量安全，是指农产品质量达到农产品质量安全标准，符合保障人的健康、安全的要求。具体来说，指农产品的可靠性、使用性和内在价值，包括在生产、贮存、流通和使用过程中形成、残存的营养、危害及外在特征因子，既有等级、规格、品质等特性要求，也有对人、环境的危害等级水平的要求。从卫生的角度表述为，农产品中不含有导致消费者急性或慢性毒害或疾病感染的因素，或不含有产生危及消费者及其后代健康的有毒有害因素；从管理的角度表述为，农产品的种植、养殖、加工、包装、贮藏、运输、销售、消费等活动符合国家强制性标准和要求，不存在损害或威胁消费者及其后代健康的有毒有害物质。

农产品质量安全要求农产品质量符合保障人的健康、安全的要求。质量既包括涉及人体健康、安全的安全性要求，也包括涉及产品的营养成分、口感、色香味等品质指标的非安全性要求。农产品质量安全是农产品的内在品质与外在因素对人体健康的影响状况。广义的农产品质量安全还包括农产品在储运、加工、消费、出口等方面满足要求。

安全性要求需要由法律法规规范，由强制监管来保障，如有害重金属元素、农药残留、致病微生物等的含量不得超过一定标准。非安全性要求，有部分指标需要法律法规规范，如生鲜奶蛋白质含量、油料作物脂肪含量等须达到一定要求；而口感、色香味之类的指标则没有法律法规规范，需要通过生产者认知、消费者评价来决定。

（一）农产品质量安全的特点

农产品质量安全存在问题直接危害的是消费者，不仅会给消费者身体健康造成伤害乃至危及消费者的生命，还会影响消费者的信心，使消费者对很多农产品望而却步，进而影响整个农产品行业的生产和销售，给社会安定造成不良影响，给农产品出口带来阻力，严重影响农产品的国际贸易和产品信誉。

农产品质量安全有以下几个特点：

第一，危害的直接性。不安全的农产品直接影响人体健康与生命安全。因此，农产品质量安全管理工作是一项全社会公益性事业，确保农产品质量安全是政府的重要职责。

第二，危害的隐蔽性。农产品质量安全仅凭感观难以辨别，需要通过仪器设备检测，甚至还需要进行动物试验。由于受科技发展水平等条件的制约，有些农产品部分参数或指标检测难度大、检测所需时间长，人们对其质量安全状况难以及时做出判断。

第三，危害的累积性。不安全的农产品对人体的危害往往通过较长时间积累才清晰显现。如农药残留在人体中，积累到一定程度后才导致疾病的发生。

第四，危害产生的多环节性。产地环境、投入品、生产过程、加工过程、流通过程、消费过程等各环节均有可能对农产品产生污染，引发农产品质量安全问题。

第五，管理的复杂性。农产品质量安全管理涉及多学科、多领域、多环节、多部门，控制技术复杂，面对生产规模小、分散程度高的千家万户的农民，管理难度极大。

（二）影响农产品质量安全的因素

第一，农业种植、养殖过程可能产生的危害，包括因投入品不合理使用或非法使用造成的农药、硝酸盐、生长调节剂、添加剂等有毒有害物残留，产地环境带来的铅、镉、汞、砷等重金属元素，石油烃、多环芳烃、氟化物等有机污染物残留，等等。

第二，农产品保鲜、包装、储运等过程可能产生的危害，包括贮存过程中不合理或非法使用的保鲜剂、催熟剂和包装、运输材料中的有害化学物等产生的污染。

第三，农作物自身生长发育过程中产生的危害，如真菌毒素、病毒等带来的危害。

第四，农业生产中新技术应用带来的潜在危害，如外来物种侵入、非法转基因品种等带来的危害。

任务二　了解农产品质量安全现状

随着农产品行业的不断发展，人民生活水平逐渐提高，人们对农产品质量安全越来越重视。在解决温饱问题之后，消费者的观念便从吃得饱向吃得好、吃得健康转变，安全意识逐渐增强。生产者为适应这种大环境，也在不断增强农产品的竞争力，提高农产品质量，关注农产品安全。近年来，我国在农产品质量安全方面采取了一系列措施，加强了对农产品产前、产中、产后环节的控制，使农产品质量安全水平得到显著提高。

一、农产品质量安全方面取得的成就

关于农产品质量安全的法律法规和管理制度日益完善。比如：《食品安全法》《农药管理条例》《兽药管理条例》等不断完善；最高人民法院、最高人民检察院出台了食品安全刑事案件适用法律的司法解释，把生产销售使用禁用农兽药、收购贩卖病死猪、私设生猪屠宰场等行为纳入了刑罚范围。

2023年以来，农业农村部扎实推进农产品质量安全监管工作，为全面推进乡村振兴、加快农业农村现代化牢牢守住了质量安全底线。全年全国农产品监测总体合格率97.8%。2023年底，全国共有1.8万家企业获得了2.9万余张有机产品认证证书，有机产品销售额高达870多亿元，位列全球第四。绿色优质农产品供给水平进一步提升，获证主体总数达到2.7万家，产品总数达到5.8万个。2023年制定75种农药在食品中的327项最大残留限量，发布农业行业标准170项。农产品"三品一标"四大行动稳步推进，公布首批178个国家现代农业全产业链标准化示范基地创建单位名单。2023

年前三季度，新发展绿色、有机农产品 13 175 个，新登录名特优新农产品 744 个，建成绿色食品原料标准化生产基地约 1.74 亿亩。

二、农产品质量安全方面存在的问题

农产品质量安全问题是人们普遍关注的热点问题，是现阶段农业和农村经济工作必须解决的重大问题。长期以来，由于投入品使用不合理，农产品不科学收获，工业"三废"和城市生活垃圾不合理排放，市场准入制度没有建立，以及市场监督管理不严等原因，我国农产品污染状况较严重。因使用有毒、有害物质超标的农产品引发中毒事件，出口的农产品及农业加工产品因农药、兽药残留超标而被国外拒收、扣留、退货、索赔、终止合同、停止贸易交往等现象时有发生。近年来，我国不断出台并修订农产品质量安全相关法律法规，农产品生产、管理、监督体系越来越完善，农产品质量安全水平逐年提高。

相关案例： 2008 年，"三鹿毒奶粉事件"曝光，事故起因是多名食用三鹿集团生产的婴幼儿奶粉的婴儿被发现患有肾结石，随后婴儿奶粉中发现化工原料三聚氰胺。原中国国家质检总局公布了对国内的乳制品厂家生产的婴幼儿奶粉的三聚氰胺检验报告，22 个厂家 69 批次产品中都检出三聚氰胺。该事件亦重创了"中国制造"的声誉，当时多个国家禁止了对中国乳制品的进口。2008 年 10 月 7 日，GB/T 22388—2008《原料乳与乳制品中三聚氰胺检测方法》国家标准发布并实施。

三、农产品质量安全问题产生的原因

农产品质量安全问题产生的原因包括以下几种：

第一，农产品产地环境污染。农产品产地环境被工业"三废"、生活废水污染，导致土壤中的重金属含量严重超标，也使生长在这种环境下的农产品有害物质含量严重超标。

第二，农产品生产过程污染。农民环保意识比较淡薄，在农产品生产过程中片面追求产量，忽视了质量；在农产品生长周期中不合理使用或违法使用国家明令禁止的化肥和农药，给农产品质量安全造成巨大威胁，对土壤环境造成巨大破坏。

第三，农产品在加工和储藏的时候容易出现严重的质量问题，不注意监管与防范，其质量安全同样会受到威胁。农产品加工人员或经营人员在农产品的收获、运输、加工过程中，使用非食品包装物、被污染的运输工具或违法添加有害物质，导致农产品出现质量安全问题。

第四，农产品质量安全监管制度不健全，检测体系不统一。制度的不完善使得不合格的农产品频频进入市场，严重损害着消费者的利益。在农产品生产中，由于没有统一的质量检测标准，农产品质量参差不齐；在农产品进入国内市场的时候，由于监管制度不健全，不合格的农产品流入了市场；在农产品出口的时候，农产品质量检测不能与国际接轨，无法形成统一的检测体系和标准，严重阻碍了相关对外贸易。

四、农产品质量安全问题的污染源分类

造成农产品质量安全问题的原因是多方面的，有人为的，也有自然的，以污染源为标准，可分为以下四大类：

第一，物理性污染。指物理性因素对农产品质量安全产生的危害。如人工混杂或机械混杂等，使农产品中混入玻璃、金属等杂质，农产品吸附、吸收外来的放射性物质，等等。放射性物质的开采、冶炼、生产以及在生活中的应用与排放产生的放射性物质可以通过多种途径污染土壤、水源和农产品。自然界广泛存在的天然放射性物质含量很低，一般不会影响农产品的安全；但一些水生生物，特别是鱼类、贝类等水产品，对某些放射性物质有较强的富集作用。环境中的放射性物质，大部分会沉降或直接排放到地面，导致地面土壤和水源的污染，然后通过农作物、水产品、饲料等进入食品，最终进入人体。放射性物质主要经消化道进入人体（其中食物占 94%—95%，饮用水占 4%—5%），通过呼吸道和皮肤进入的较少。而在核试验和核工业发生泄漏事故时，放射性物质经消化道、呼吸道和皮肤这几条途径均可进入人体而造成危害。

第二，化学性污染。指在农产品生产、加工过程中使用化学合成物质而对农产品质量安全产生的危害。包括农用化学物质、食品添加剂、食品包装容器、工业废弃物造成的污染，汞、镉、铅、氰化物、有机磷及其他有机或无机化合物等造成的污染，等等。在农产品生产过程中，使用农药、兽药是农产品化学污染的一大来源；在动物养殖过程中，违规添加的非食用物质添加剂，如"瘦肉精"等，会造成残留；在农产品储存、包装和运输过程中，混入或添加的化学物质会造成污染，如用废报纸、旧杂志包装农产品，用甲醛对农产品进行防腐处理，加入具有毒性的人工合成色素保持鲜艳色泽，等等。

第三，生物性污染。指自然界中各类生物对农产品质量安全产生的危害。包括致病性微生物（细菌、病毒）及其毒素（如黄曲霉毒素）污染、寄生虫和虫卵及有害昆虫（卵）污染等。在温度、湿度适宜时，各种微生物及害虫可迅速繁殖，如粮食中的甲虫类、蛾类、螨虫类，鱼、肉、酱、腌菜中的蝇蛆等。

第四，本底性污染。指农产品产地环境中的污染物对农产品质量安全产生的危害。主要包括产地环境中水、土、气的污染，如灌溉水、土壤、大气中的重金属超标。本底性污染治理难度最大，需要通过净化产地环境或调整种养品种等措施加以解决。

五、解决农产品质量安全问题的办法

农业农村部 2023 年农产品质量安全监管工作会议提出，要从全局高度充分认识农产品质量安全工作的使命责任，从历史维度充分认识农产品质量安全工作的艰巨复杂，从主观角度充分认识农产品质量安全工作的差距不足，树牢政治意识，坚定不移落实

"四个最严"要求，坚持人民至上和系统观念，从生产、技术、监管、追溯、宣传等方面协同发力、产管并重，不断增加绿色优质农产品供给，为全面推进乡村振兴、加快建设农业强国夯实农产品质量安全基础。2023年重点抓了三个方面工作。一是聚焦重点品种，坚持从严监管、精准发力、较真碰硬，集中整治农兽药残留突出问题。二是顺应消费升级需求，培育优质农产品生产基地，搭建消费促进平台，完善认证和标志使用管理措施，大力推进农产品"三品一标"高质量发展。三是落实新修订的《农产品质量安全法》要求，加强对农户等各类主体监管，推动乡镇落实监管责任，加快推行承诺达标合格证制度和风险防控机制建设。

目前我国农产品质量安全工作主要从以下几方面逐步完善：

第一，加强风险防范。通过全力守好农产品质量安全底线、强化风险监测、深化风险评估、完善应急机制、加强科普宣传等方式，坚持预防为主，强化农产品质量安全工作指导和技术服务，提升生产经营者质量安全意识，提高消费者质量安全科学认知水平，引导放心消费。

第二，强化执法监管。通过深入开展专项整治、加强监督检查、开展农资打假专项治理工作，持续开展农产品质量安全监督检查，将蔬菜、水果、畜禽和养殖水产品的生产企业、合作社和家庭农场等生产经营主体纳入监管名录库，完善信息公开制度，会同各有关部门努力保障农资市场秩序稳定、产品质量可靠。

第三，健全标准体系。加强以品种为主线的全产业链标准顶层设计，构建高质量发展标准体系；对标国际先进水平，开展重点领域标准比对分析，开展标准进村入户活动，推动新型经营主体按标生产，培育企业标准"领跑者"。稳步推进绿色食品、有机农产品、地理标志农产品和良好农业规范认证推介；深入实施地理标志农产品保护工程，建立健全"省级统筹、县级实施、部门督导"的实施机制。加强品牌建设和特色文化传承，突出"一标一品一产业"，加强生产基地和原生态品种繁育基地建设。

第四，完善监管制度。在规模生产经营主体中试行承诺达标合格证制度，鼓励有条件的主体开具电子合格证，推动生产者自我质量控制、自我开具和自我承诺；加快质量追溯推广应用，健全完善质量追溯标准，加快国家农产品质量安全追溯管理信息平台推广应用，完善国家追溯平台功能，探索推广"合格证＋追溯码"模式；完善质检机构管理制度，建立农业农村系统质检机构统计调查制度，推动基层质检机构双认证，为监督执法提供技术支撑；加快农产品质量安全信用体系建设，建立农产品生产者、经营者诚信档案，加强信用管理。

第五，提高监管能力。按照"十四五"农业农村现代化规划编制的总体部署，聚焦重点领域和薄弱环节；大力推动智慧监管，建设智慧农安平台，运用大数据、物联网、区块链等现代信息技术推动监管方式创新，实现全程质量安全控制；深化国家农产品质量安全县创建，提高国家农产品质量安全县的品牌知名度和社会影响力；增强基层监管能力，为基层监管提供技术支撑。

六、保障农产品质量安全的意义

当今时代，农产品质量安全问题已受到全世界的广泛关注，建立严格的食品质量标准并提高生产者与贸易者的职业道德是我国食品生产与管理者努力的方向。

（一）农产品质量安全的重要性

农产品既有可直接食用的，也有作为食品原料加工使用的，因此其质量安全是食品安全的源头，直接影响食品安全，与人民群众的身体健康和生命安全以及农民增收和农业发展息息相关，保障农产品质量安全责任重、意义大。

第一，我国越来越重视农产品质量安全。长期以来，我国农业的首要任务是保障农产品有效供给，增加产量是第一位的。随着农产品供求进入总量基本平衡、丰年有余的新阶段，人民生活水平提高、农产品国际贸易发展，国家把农产品质量安全工作摆到了更加突出的位置。

第二，社会公众对农产品质量安全期待越来越强。人们对农产品质量安全的要求越来越高是经济社会发展的必然反映。目前，我国已进入工业化中后期阶段，这个阶段人民群众的消费观念已由吃得饱向吃得好、吃得健康转变，公众对农产品是否安全、是否有益于健康更加关注。因此，必须把农产品质量安全与数量安全摆在同等重要的位置，统筹好数量、质量和效益的关系，满足人民群众对美好生活的需要。

第三，农产品质量安全与农业产业发展关联度越来越大。农产品质量安全水平直接影响农业产业的发展。发展现代农业，提升农产品市场竞争力，质量安全是关键。因此，必须全力以赴，强化农产品质量安全监管，提升农产品质量安全水平。

（二）保障农产品质量安全的意义

从我国农业发展战略性结构调整角度看，保障农产品质量安全有以下意义：

第一，是提高农民收入的重要手段。保障农产品质量安全是我国农业战略性结构调整和增加农民收入的客观要求。我国的农业发展已经进入一个新的阶段，即在单纯数量矛盾已经基本缓解的情况下，着手解决农产品品质问题、农产品供给侧问题、农产品数量与质量之间矛盾的阶段。这些问题和矛盾的解决只能依靠战略性调整，依靠大量生产安全性高的农产品。

第二，是发展国民经济的客观要求。保障农产品质量安全是适应发展国民经济、提高居民收入和消费水平的客观要求。过去我国只是简单地增加数量、优化品种，不注重提高质量，这是远远不够的。农业的发展一定要适应消费者的收入水平及消费者对农产品内在品质的要求，只有这样，消费者才能对农产品有信心，购买欲望才能不断提高。

第三，是应对国际贸易的重要举措。保障农产品质量安全是国际贸易的客观要求。只有适应经济全球化大势和国际贸易的要求，才能使我国的农产品在国际市场上取得越来越多的份额。疫病、残留和产品质量标准与国际市场不接轨是我们当前农产品出口中面临的三大制约因素，只有认真地解决这三方面的问题，才能使我国农业的比较优势在国际市场上充分发挥出来。我国农产品出口在价格上的优势是明显的，但仅仅靠低价是不行的，如何按照国际市场通行的规则，生产出符合国际市场要求的农产品是当务之急。

第四，是关系国家信誉的大事。随着全球化进程的加快，每年世界粮食贸易量达4.6亿吨，任何一个国家的食品出现问题都可能影响到其他国家消费者的健康，甚至发展成为国际性农产品质量安全事件。比如，欧盟各成员国出现的食品安全方面的问题，如比利时出现污染鸡、法国厂家用污染物做饲料、荷兰惊现"毒鸡蛋"等事件，不仅使欧盟消费者担惊受怕，也影响了欧盟成员国的食品在国际上的声誉。欧洲的食品安全问题影响了欧盟早已实现商品自由流通的大市场的正常运转。

第五，为保护和改善生态环境提供了重要动因。随着工农业的快速发展，工业"三废"的大量排放与农用化学物质的大量施用，导致农田受污染的情况十分严峻，部分地区的农产品受到较严重的污染，农产品质量受到影响，因食用受污染的农产品引起中毒的事件屡见报端。进行农产品安全生产，首先要求产地环境必须符合质量要求，一旦产地受到污染，就失去了安全生产的基本条件。因此，要创建安全农产品基地，就必须保护和改善农业环境。其次，要提升农产品生产技术，合理使用农用化学物质，树立环境保护观念，形成安全农业产业体系。发展安全农产品生产与加大生态环境建设与保护的力度是互相促进的关系。

相关网站

中国农产品质量安全网；

国家农产品质量安全公共信息平台；

国家农产品质量安全追溯管理信息平台。

评价反馈

（一）知识点检测

1. 食品和农产品的区别与联系。

2. 危害农产品质量安全的因素。

3. 农产品质量安全问题产生的原因。

4. 通过网络资源查询，了解我国农产品质量安全现状。

5. 案例分析：

槽头肉涉事企业被罚 1 287 万，列入失信名单

2024 年央视"3·15"晚会，曝光了某预制菜生产企业使用未经严格处理的槽头肉制作梅菜扣肉预制菜的情况，且生产车间存在卫生不合格等问题。

结合案例分析，目前我国农产品质量安全存在的安全隐患有哪些，产生这些问题的原因是什么。

6. 搜索近年来农产品质量安全事件相关报道，讨论保障农产品质量安全的重要意义。

7. 通过自学、讨论和调研，谈谈你的收获。

（二）小组评价

评价项目	评价情况		
	优	良	中
学习态度			
学习方法			
团队合作			
学习成果			
能力提升			

（三）综合评价

1. 教师评价

（1）对整个学习内容的归纳

（2）对学生学习过程的总体评价

2. 学生评价

（1）对教师授课效果的评价

（2）对自身学习效果的评价

模块二　农产品生产过程安全

学习目标

1. 了解水体、土壤及大气污染的概念及污染物的来源；

2. 认识产地环境污染对农产品安全生产的影响；

3. 了解农业投入品在自然界的循环流转；

4. 认识农业投入品对农产品安全生产的影响；

5. 掌握农药、兽药、化学肥料、饲料添加剂、农用农膜的安全使用技术。

工作任务

对从事种植、养殖等的农产品生产者进行安全生产理论及技术培训。通过介绍产地环境污染概念及污染物来源，阐述产地环境污染对农产品安全生产的影响，提高生产者的产地环境保护意识。通过介绍农业投入品在自然界的循环流转，分析农业投入品的不合理使用对农产品安全生产的影响，增强生产者对农业投入品的认识。通过介绍农药、兽药、化学肥料、饲料添加剂、农用农膜的安全使用技术，提升生产者的安全生产能力。

法律/政策导航

中华人民共和国农产品质量安全法

第三章　农产品产地

第二十条　国家建立健全农产品产地监测制度。

县级以上地方人民政府农业农村主管部门应当会同同级生态环境、自然资源等部门制定农产品产地监测计划，加强农产品产地安全调查、监测和评价工作。

第二十一条　县级以上地方人民政府农业农村主管部门应当会同同级生态环境、自然资源等部门按照保障农产品质量安全的要求，根据农产品品种特性和产地安全调查、监测、评价结果，依照土壤污染防治等法律、法规的规定提出划定特定农产品禁止生产区域的建议，报本级人民政府批准后实施。

任何单位和个人不得在特定农产品禁止生产区域种植、养殖、捕捞、采集特定农产品和建立特定农产品生产基地。

特定农产品禁止生产区域划定和管理的具体办法由国务院农业农村主管部门商国务院生态环境、自然资源等部门制定。

第二十二条　任何单位和个人不得违反有关环境保护法律、法规的规定向农产品产地排放或者倾倒废水、废气、固体废物或者其他有毒有害物质。

农业生产用水和用作肥料的固体废物，应当符合法律、法规和国家有关强制性标准的要求。

第二十三条　农产品生产者应当科学合理使用农药、兽药、肥料、农用薄膜等农业投入品，防止对农产品产地造成污染。

农药、肥料、农用薄膜等农业投入品的生产者、经营者、使用者应当按照国家有关规定回收并妥善处置包装物和废弃物。

项目一　认识农产品生产过程中的影响因素

任务一　产地环境对农产品质量的影响

农作物的种植离不开适宜的环境条件，产地环境安全是农产品质量安全的前提和基础，水体、土壤及大气等产地环境因子都会直接影响农产品品质和产量。现实中，工业"三废"和城市生活垃圾向农业环境的大量转移，农业生产中化肥和农药的滥施滥用，畜禽排泄物中兽用药物残留的增加，等等，造成有毒有害物质不断渗透进土壤，使土壤污染成为产地环境中对农产品质量影响最大的因素，土壤环境和农产品污染问题已受到各国政府和公众的持续关注。

一、土壤对农产品质量的影响

土壤是农业生产的基础要素，其质量的好坏直接影响到农产品的生产、质量与安全，进而影响人类的生存质量。污染物进入土壤系统后，可因土壤的自净作用而在数量和形态上发生变化，毒性会逐渐降低甚至消失。如污染物输入超过土壤的自净能力，土壤组成、结构和功能会发生变化，微生物活动会受到抑制，有害物质及其分解产物会在土壤中逐渐积累，最终造成土壤污染。

（一）土壤污染现状

土壤污染是指土壤中的污染物超过了土壤环境容量或自净能力，从而使土壤组成成分、质地等方面发生变化，进而导致土壤自然功能失调、质量恶化的现象。土壤污染的主要途径包括大气中重金属沉降，化肥、农药、兽药、农膜等农业投入品的使用，以及污泥施肥、污水灌溉等。

土地污染大致可以分为两类，分别为有机污染和无机污染。北方污染状况相比南方稍好一些，南方部分地区存在严重的土地污染问题和环境问题，如：珠江三角洲地区、长江三角洲地区存在严重的土地污染问题，中南、西南地区存在严重的土地重金属超标问题，等等。我国耕地和林地的主要污染物为农药及重金属，草地和未利用土地的主要污染物为重金属。

《2023中国生态环境状况公报》显示，我国土壤环境风险得到基本管控，土壤污染加重趋势得到初步遏制。全国农用地安全利用率达到91%，农用地土壤环境状况总体稳定，土壤重点风险监控点重金属含量整体呈下降趋势。重点建设用地安全利用得到有效保障。依据《耕地质量等级》（GB/T 33469—2016），耕地质量划分为十个等级，一等地耕地质量最好，十等地耕地质量最差。全国耕地质量平均等级为4.76等。其中，一至三等、四至六等和七至十等耕地面积分别占耕地总面积的31.24%、46.81%和21.95%。全国水土流失面积为265.34万平方千米；全国荒漠化土地面积为257.37万平方千米，沙化土地面积为168.78万平方千米，岩溶地区现有石漠化土地面积为722.3万公顷。

（二）土壤污染来源

过度使用农药。农药的过度使用是导致我国耕地大面积污染的主要原因。在我国，每年约有50万吨农药被投入使用。一方面，农药进入土地后，会引发生物、微生物等与其进行反应，产生很多不确定的物质，对土壤的肥力造成破坏；另一方面，农药在投入土地并接触到农作物以后，会被农作物吸收，随后将有近一半通过循环流入土壤，再次被农作物吸收。在这个循环反复的过程中，农作物的根、茎、叶等都会积聚大量农药，被人或者动物食用后会影响其健康。

大量使用化肥。尽管化肥是农作物生长过程中的重要辅助物质，但过度使用也会对土壤造成严重破坏。经调查，我国每年投入使用的化肥量高达5 000万吨。首先，化肥的大量使用不仅影响了土壤的肥力及保水能力，还加剧了土壤退化、板结等现象。其次，化肥中的营养物质含量较高，农作物并不能够完全吸收利用，随着时间的推移，化肥的成分便会逐渐转移到地下，而此时如果土壤发生风蚀或者地面径流冲刷等现象，土壤中的化肥残留成分便会逐渐扩散，从而导致土壤的污染面积不断增加。最后，化肥的过度使用还会对牲畜的养殖产生影响，会导致饲料内硝酸盐含量急剧增加，从而影响牲畜的健康，甚至会导致牲畜死亡。

放射性物质污染。放射性物质在土壤中难以分解，并且会随着时间的推移不断转移，一旦周边的动植物或人类接触到放射性物质，就会受其影响。严重时，食物链会受到干扰，人类也可能患染各种具有遗传性症状的疾病。此处所说的放射性物质，通常来源于医疗或者科研工作，如若土壤周边有这些种类的研究场所，则很容易受到放射性污染。

重金属污染。重金属污染是土壤污染中比较普遍且影响较大的一种污染。重金属污染会导致土壤的肥力降低，引发大面积粮食减产，从而影响社会经济的稳定发展。此处所说的重金属多来源于现代工矿业发展，当前我国重金属污染依然严重，尤以工矿业污水排放区为甚。经调查，我国超过半数的重金属污染都来自工矿业污水排放区。由于污水中的重金属含量较多且难以被降解，通过排放的方式进行处理会对周围土壤造成严重破坏。污染土壤的重金属主要包括汞、镉、铅、铬、砷、铜、镍等。

病原微生物污染。病原微生物也是常见的土壤污染物之一。病原微生物大多来自生活污水或者医院排放污水，这些污水中的病原微生物进入土壤以后，经过不断繁殖，规模将不断扩大，并且会不断蔓延，最终影响人们的生命健康。

（三）土壤污染对农产品质量的影响

抑制农作物生长。过量重金属进入土壤，会导致土壤的通气性、酸碱性等性质发生改变，进而影响农作物根系对磷、钾等营养元素的吸收，抑制农作物生长。蔬菜在生长过程中，根系会吸收土壤中的重金属。重金属在蔬菜体内积累，会抑制细胞分裂和生长，刺激和抑制一些酶的活性，影响蛋白质合成，降低光合和呼吸作用，破坏细胞膜系统，从而影响蔬菜生长发育。

降低农产品品质。过量重金属进入农作物体内，会干扰农作物叶绿体、液泡等细胞器的结构和功能，进而使农作物体内多种生理生化过程发生紊乱，影响农作物品质和产量。受重金属影响，蔬菜体内的维生素、糖分及其他物质含量都会相应发生变化，从而影响蔬菜品质。比如：重金属污染使小白菜体内的糖分和维生素 C 的含量降低，小白菜质量会随之下降。使用含有重金属的工业废水灌溉农田，或将污泥资源化利用施入土壤，会引起农作物染色体失常、雄蕊丝变性、籽粒重金属含量显著增加、蛋白质含量降低，从而严重影响农产品品质及安全。

令农作物产生毒性。农作物根系可分泌多种有机酸，使根际环境 pH 值降低；这些酸性分泌物可以活化吸附固定于土壤颗粒上的重金属，使其生物有效性增加后被农作物大量吸收。由于重金属移动性差，在农作物体内难以被分解转化，只能不断积累，进而产生毒性并且该毒性沿食物链逐级传递、放大。

二、水体对农产品质量的影响

水体污染是指水体中的污染物超过了水体环境容量或自净能力，从而使水体组成成分、理化性质等方面发生变化，导致水体自然功能失调、质量恶化的现象。

（一）水体污染现状

《2023 中国生态环境状况公报》显示，全国地表水环境质量持续向好。全国监测的 3 632 个地表水国控断面中，优良（Ⅰ—Ⅲ类）水质断面占 89.4%，比 2022 年上升 1.5 个百分点；劣 V 类水质断面占 0.7%，与 2022 年持平。主要污染指标为化学需氧量、总磷和高锰酸盐指数。2016—2023 年，全国地表水 Ⅰ—Ⅲ 类水质断面比例由 67.8% 升至 89.4%，上升 21.6 个百分点；劣 V 类水质断面比例由 8.6% 降至 0.7%，下降 7.9 个百分点。全国监测的 1 888 个国家地下水环境质量考核点位中，Ⅰ—Ⅳ类水质点位占 77.8%，V 类占 22.2%。其中，潜水点位 1 084 个，Ⅰ—Ⅳ类水质点位占 75.2%；承压水点位 804 个，Ⅰ—Ⅳ类水质点位占 81.2%。主要超标指标为铁、硫酸盐和氯化物。2021—2023 年，全国地下水水质总体保持稳定，Ⅰ—Ⅳ类水质点位比例范围为 77.6%—79.4%。

（二）水体污染原因

水体污染原因包括火山喷发、岩石风化和水流冲蚀地面等自然污染和工业污染、生活污染、农业污染等人为污染。

工业污染：冶金、建材、化工及食品加工业产生大量污水，废水未经处理直接排入河流、水库、池塘，造成水体严重污染。工业固体废物堆存会对空气、地表水和地下水产生二次污染，其危害和影响更加隐蔽和长远。

生活污染：生活污水是人们日常生活中产生的各种污水混合物，如各种洗涤用水和人畜粪便等，是农村水体污染的主要污染源之一。农村生活污水处理系统建设不足，生活污水一般直接进入河流、湖泊、池塘或渗入地下，从而造成地表水、地下水污染。

农业污染：农药、化肥是造成农业生态环境污染的重要来源。随着现代农业的发展，农村使用的农药、化肥日益增多。在喷洒农药及使用化肥的过程中，农药、化肥只有少量附着于农作物上，大部分会残留在土壤中，又通过降雨和地面径流的冲刷进入地表水和地下水，从而造成水体污染。随着我国养殖业的壮大，养殖户在生产中滥用化学药物，水体中化学药物残留日益增加，不仅会降低水体质量，也会影响人们的经济收入及身体健康。

（三）水体污染对农产品质量的影响

污水中的许多污染物在灌溉农作物前尚未得到有效去除，致使土壤及农作物受到污染。直接利用未经处理的污水灌溉农田，可对农业生产造成严重危害：第一，降低农产品质量。在农作物吸收污水时，一些有害污染物会在其体内积累，严重时造成残留超标，从而令农产品不能达到国家食品卫生标准。第二，造成农产品减产。污水对农作物生长发育不利，可引起其产量下降甚至绝收。第三，影响渔业生产。污水可直接毒害水生生物，令其中毒甚至死亡。第四，影响农业产业结构调整，不达标的灌溉水无法生产无公害农产品。第五，破坏生物多样性。第六，导致人畜饮水困难。

三、大气对农产品质量的影响

大气污染是指大气中的污染物超过了大气环境容量或自净能力，而使大气组成成分、理化性质等方面发生变化，导致大气自然功能失调、质量恶化的现象。

（一）大气污染现状

《2023 中国生态环境状况公报》显示，全国环境空气质量保持长期向好态势。地级及以上城市细颗粒物（$PM_{2.5}$）平均浓度为 30 微克/米^3，好于年度目标近 3 微克/米^3。全国优良天数比例为 85.5%，扣除沙尘异常超标天后为 86.8%，好于年度目标 0.6 个百分点。全国 339 个地级及以上城市中，203 个城市环境空气质量达标，占 59.9%；全国 339 个城市环境空气质量优良天数比例在 16.7%—100% 之间，平均为 85.5%。全国酸雨区面积约 44.3 万平方千米，占陆域国土面积的 4.6%，比 2022 年下降 0.4 个百分点；其中较重酸雨区面积占 0.04%，无重酸雨区；酸雨主要分布在长江以南—云贵高原以东地区；2016 至 2023 年，全国降水中硫酸根离子当量浓度比例总体下降，硝酸根离子当量浓度比例总体上升，近年来酸雨类型由以硫酸型为主逐渐向硫酸－硝酸复合型转变。

（二）大气污染来源

大气污染原因包括火山喷发、生物腐烂及森林火灾等自然污染和工业污染、生活污染、农业污染等人为污染。

自然污染：火山喷发、森林火灾、暴风扬沙、森林植物释放及海浪飞沫颗粒物等都是引发大气污染的自然因素。在这些自然因素的影响下，大量污染物会进入大气，并在参与大气循环及光化学反应后形成一次或二次污染。例如：火山喷发产生的硫化氢、二氧化碳、一氧化碳、二氧化硫和火山灰颗粒物都会引发大气污染；森林植物释放或海浪飞沫颗粒传播会产生萜烯类碳氢化合物、硫酸盐与亚硫酸盐，从而引发大气污染。

人为污染：它是指由人类活动向大气输送污染物，从而引发大气污染。通常来说，工业生产的废弃物排放、燃料燃烧，交通工具尾气排放，农业活动排放等都会引发大气污染。人为污染物包括碳氧化物、硫氧化物、烟尘、有机化合物及农药悬浮颗粒等。这些污染物漂浮于大气中，会对人和动物的健康及生态环境造成威胁。

（三）大气污染对农产品质量的影响

大气污染可对农业生产造成严重危害，除了影响农作物的生长外，污染物还能持续残留在农产品中，对农产品造成二次污染，从而影响农产品的食用价值。

气体状污染物：包括硫氧化物、氮氧化物、碳氧化物等，主要因二氧化硫干沉降及酸性降水直接作用于农作物而造成危害。有害气体通过叶背呼吸气孔进入农作物体内，之后逐渐扩散到海绵组织、栅栏组织，破坏叶绿素，从而阻碍农作物光合作用、呼吸作用等多种代谢机能，抑制农作物生长发育。二氧化硫干沉降和酸性降水既可单独作用于农作物，也可交替污染，产生协同作用，从而加重损害程度。其主要损害包括：加速茎、叶中营养物质的流失；侵蚀叶片角质层，增加农作物对病虫害的敏感性；干扰和破坏气孔，增加蒸腾作用并影响光合强度；干扰代谢和生殖过程，导致细胞坏死；改变叶表面化学性质，影响根系化学性质；等等。该污染将最终导致农作物长势减弱、产量下降、农产品品质变劣、病虫害加重及死苗等。

颗粒状污染物：包括尘粒、粉尘、烟尘、雾尘等，能影响植物生长发育，还能持续残留在农产品中，造成残留污染。例如，粉尘中的钙、钾等元素与雨水结合产生氢氧化物等碱性物质，这些碱性物质可通过叶背呼吸气孔进入农作物体内，进而入侵农作物薄壁细胞。如果大片粉尘落到农作物叶片上，会堵塞农作物叶片的呼吸气孔，从而影响农作物的光合作用和呼吸系统，对农作物有机物的合成具有较严重的影响。如果大片粉尘落到农作物的花柱头上，对花粉的萌发有一定的阻碍。

知识拓展

绿色食品 产地环境质量

▪▪ 任务二 农药对农产品质量的影响 ▪▪

在农业生产过程中，农业投入品的安全性直接影响农产品质量安全。生产者为提高产量，确保经济效益，在农产品生产过程中，常常会使用各种化学物质。近年来备受公众关注的影响农产品质量安全的主要农业投入品，包括农兽渔药、饲料添加剂等，也包括不按规定用途非法用于农产品生产的物质，如三聚氰胺、孔雀石绿和"瘦肉精"等。使用不合格的农兽渔药、饲料添加剂、肥料等农业投入品，或不合理使用农业投入品，或不执行农业投入品使用安全间隔期和休药期规定，都会导致农产品中有毒有害物质积累超标。因农业投入品带来的农产品质量安全问题，一直是近年来的突出问题。

农药在我国农业发展中起着重要作用，可防治危害农林业的病、虫、草，以及有目的地调节植物、昆虫生长周期。然而，施入农田的农药，会通过挥发、径流冲刷等形式，在土壤、水体、大气以及生物体内循环流转。例如：水体和土壤中的农药蒸发到大气中造成大气污染，大气中的农药通过降水又回到水体和土壤中，造成水体污染和土壤污染。有研究表明，农田施药后，药剂施用量的 1%—4% 接触靶标，10%—20% 附着于农作物表面，而 50%—60% 残留在土壤、水体和大气中。不合理地施用农药会给农产品质量、生态环境、生物多样性和人类身体健康带来严重危害。比如：人畜食用了受农药污染的农产品后，可能造成急性或慢性中毒。

一、农药污染现状

农药污染比较突出地表现在以下几个方面。

（一）对环境的污染

主要污染大气、水体和土壤。在田间喷洒农药时，药剂微粒在空气中漂浮，会对大气造成污染。如：滴滴涕、狄氏剂等大部分有机氯杀虫剂能被漂浮的灰尘粒子所吸附，而六六六等约有半数被吸附。另外，农药厂排放的废气也会造成大气污染。农药对水体的污染主要表现为，洒落在田地里的农药随灌溉、雨水冲刷流入江河湖泊，最后进入大海。虽然世界各国相继禁用了滴滴涕、六六六等有机氯农药，但农药对环境造成的污染并没有消失。相关文献研究表明，滴滴涕、六六六等有机氯农药残留仍能在土壤、水体和部分农产品样本中检出。土壤的污染主要表现为，附着在农作物上的农药有时因风吹雨淋进入田间。用农药浸种、拌种等操作，也会对环境造成污染。

（二）对自然界各类动物的污染

农药可以污染自然环境，势必也会影响生活在自然界中的各种动物，引起动物的相应改变，导致敏感物种减少与消失，污染物种增多与加强。

农药对昆虫的影响首先表现在害虫对药剂的抵抗能力增强，出现耐药性品系。其次，在杀死害虫的同时，也可能杀死害虫的天敌，使自然界中的害虫与天敌失去平衡，导致害虫增殖过快，造成更大危害。因生物富集，农药会对鱼类造成危害，这是目前农药对水系动物影响中较为突出的一类。鱼类对农药很敏感，而甲壳类对农药更为敏感，比如虾。当农药污染水体时，轻则鱼类回避，重则造成鱼类畸形或死亡。此外，鱼类长期生活在有低浓度农药污染的水体中也可能形成抗性。农药对飞禽的污染主要起因于飞禽取食含有农药污染的农作物种子和谷物，或取食经过生物富集的鱼类与无脊椎小动物。

（三）对食物的污染

包括对农副产品和乳制品的污染。一些调查表明，食品中有机氯农药检出率较高，尤其是六六六。食品中有机氯农药残留的总体情况是：动物性食品高于植物性食品；含脂肪多的食品高于含脂肪少的食品；猪肉高于牛肉、羊肉、兔肉；水产品中淡水产品高于海洋产品，池塘产品高于河湖产品。植物性食品按植物油、粮食、蔬菜、水果的顺序递减。植物性食品一般含量不太高，但残留较普遍。食用农作物中的农药残留含量取决于土壤中的农药含量和农作物种类。

肉、乳品中的农药残留一般是禽畜摄入被农药污染的饲料造成的，在动物的脂肪、肝、肾等组织中残留量较高。动物体内的农药有些可随乳汁进入人体，有些则可转移至蛋中。鱼虾等水生动物摄入水中的农药残留后，可使体内农药的残留富集至数百倍至数万倍。

（四）对人体的污染

不正确地使用农药必然会污染环境、农作物、水产、禽兽等，残留农药又通过食品、饮料、空气等载体被摄入人体。在这些载体中，食品是最主要的。食用带有农药残留的水果、蔬菜，急性中毒者可出现头痛、头晕、呕吐、腹痛、腹泻等症状；农药残留可在人体内积累，致癌、致畸、致突变。据世界卫生组织统计，全世界每年至少发生 50 万例农药中毒事件，死亡 11.5 万人，85% 以上的癌症、80 余种疾病与摄入农药残留有关。

二、农药污染来源

在农业生产中，为了确保农产品高产，就必须防治病虫草鼠等危害，而利用农药防治病虫草鼠害已经成为农业生产必不可少的环节。

农作物与食品中的残留农药，一方面来自施药后药剂对农作物的直接污染，另一方面来自农作物在污染环境中对农药的吸收以及食物链传递和生物富集影响。农药在田间使用后，部分残留可能黏附在农作物表面，也可能渗透到植物表皮蜡质层或组织内部，还可能被农作物吸收，输导分布于农作物各部分及汁液中。这些农药虽能在外界条件（如光、雨、温度等）影响下或在体内酶系作用下，逐渐分解消失，但某些性质稳定的化学农药分解速度较慢，所以在农作物收获时，农产品中还存有微量农药及有毒的代谢产物。

（一）农田施药后药剂对农作物的直接污染

农药对农作物的污染程度取决于农药的性质、剂型与施药方式等，也与农作物的品种特性有关。

农药的理化性质。蒸汽压高的农药，易挥发，消失快。脂溶性强的农药，如滴滴涕等有机氯农药，易在植物的蜡质层和动物脂肪中累积，因此有机氯农药大多数品种已先后被禁止使用。水溶性大的农药，易被雨水淋失，但也易被农作物根部吸收并传导至农作物叶部和籽实。易光解的农药，如辛硫磷，施于农作物表面时存留时间很短。

农作物类型和作用部位。农药在农作物上的原始沉积量与农作物种类有关。在牧草、茶叶、叶菜等叶用植物上，农药原始沉积量较黄瓜、茄子、苹果等果菜类大得多，如40%乐果乳油800倍液喷施于茶叶上，原始沉积量为103—158毫克/千克，而黄瓜上则为0.38—0.85毫克/千克。目前使用的农药大都是亲脂性的，沉积在农作物表面的农药很快会溶入蜡质层，不再以物理方式消失，大多数存于果皮、糠和麸皮中，因此除去农产品的外皮便可以去除大部分农药残留。

施药方法、用量和时期。不同施药方法对农药残留影响不一。内吸剂喷于叶面，原始药量高，但残留期短。采用土壤处理或根茎处理的方式，则农药被缓慢吸收，残留期长。施药量、施药次数增加，残留量亦递增。施药时间，特别是最后一次施药距离收获的间隔天数，对残留量影响很大。

（二）农作物对污染环境中农药的吸收

在田间施用农药时，有很大一部分农药散落于农田中或飞散于空气中。飞散于空气中的，常随空气飘移他处；散落于农田中的，有些残存于土壤，也有些被雨水冲刷至池塘、湖泊、河流中，对自然环境造成污染；而残存于土壤中的，有些性质特别稳定的农药，甚至可以在土壤中残留数年至数十年。在有农药污染的土壤中种植农作物，残留的农药又会被农作物吸收，成为农作物中残留农药的来源之一。环境中残留农药的消失速度除与农药本身性质有关外，还与环境因子有关。如：光对降解影响大，辛硫磷在茶叶上施药3天后已低于残留限量，但在土壤中药效可维持10天。土壤中的农药还可被微生物降解、被水淋溶，而这些消解因素的作用速度又与土壤的质地、有机质含量、pH值和温度有密切联系。如：有机质含量高、黏粒多的土壤，易被农药依附，农药会较长时间保留于此类土壤中；大多数农药在碱性条件下易分解，在偏高温度下亦会加快分解。

农作物从土壤中吸收残留农药的能力与农作物种类有关，最易吸收农药的农作物是胡萝卜，其次是草莓、菠菜、萝卜、马铃薯等。水生植物从污水中吸收农药的能力要比陆生植物从土壤中吸收农药的能力强得多。

（三）生物富集和食物链

生物富集是生物从生长环境中不断吸收低剂量的农药，并逐渐在体内积累浓缩，又称生物浓集或生物浓缩。农药的生物富集与农药和生物体性质有关：脂溶性农药易于在生物体内富集，含脂肪高的生物体易于富集农药。

食物链是指生态系统中生物之间的链锁式营养关系。食物是造成生物体内农药富集的一个重要因素，动物吞食含有残留农药的植物或其他生物体后，农药可在生物体间转移，尤其是在动物脂肪、肝、肾中蓄积。通过食物链，农药由处于食物链低位的生物体内向处于食物链高位的生物体内转移，并逐级富集。

三、农药污染对农产品质量的影响及对策

我国在农业生产过程中，对于病虫害的防治，大部分情况下采用的是农药防治，因为农药防治有着效果明显的特点。由于农药性质、使用方法及使用时间不同，农药在各种农作物上的残留和分布也会有差别。使用不当会造成农药污染，最终导致农药残留超标和农产品品质下降。

农药残留对农产品质量安全造成不利影响。一方面，农药残留会直接污染农产品。农药施入农田后，药剂能依附在农作物表皮，也能通过农作物的根系、茎和叶片渗透到农作物组织内部并输送至全株。农作物体内的农药可随时间的推移而逐渐降解消失，但性能稳定的药剂可长期残留在植株体内。另一方面，农药残留可间接污染农产品。农作物的根系、茎和叶片会吸收土壤、水体和大气中的农药残留，导致农药残留在农作物体内富集。进入农作物体内的农药残留会随食物链进行迁移、传递而进入人类体内，严重时导致"三致"（致癌、致畸、致突变）问题。调查显示，全国因食用农药污染的食品而发生农药中毒的人数年均近 20 万人，约占食物中毒总人数的 1/3。

农作物的品质与人们的健康密切相关，目前，国家对农药的使用有明确的规定，使用说明书注释了农药剂量及使用农作物类型。同时，国家已经在农药销售名单中对剧毒农药进行了明令禁止。

在产能控制方面，2022 年，国家制定下发《"十四五"全国农药产业发展规划》，对农药产量、使用量提出预期性指标，推进农药产品结构调整，逐步淘汰高毒、高风险农药，鼓励发展高效、低毒、低风险农药；我国已对 52 种高毒、高风险农药采取了淘汰或禁用管理措施，计划 2024 年年底前再对 6 种高毒农药采取淘汰措施，引导农药产业高质量发展。

同时，国家通过修订产业结构调整指导目录，加强对农药、化肥产业的宏观调控，引导社会资本流向，促进产业结构调整和优化升级。如《产业结构调整指导目录（2019 年本）》明确将新建高毒、高残留、对环境影响大的农药原药的生产装置，新建草甘膦、毒死蜱等农药的生产装置，新建磷铵、黄磷等化肥生产的装置列为限制类，严格控制有关农药、化肥产品的新增产能。

在使用控制方面，国家深入推进化肥、农药减量增效，大力推进统防统治、绿色防控以及高效、低风险农药替代高风险老旧农药，高效施药机械替代跑冒滴漏老旧施药机械，测土配方肥和有机肥替代化肥等措施，化学农药和化肥使用量持续保持下降的好势头。

据统计，我国农作物农药使用量从 2015 年 29.99 万吨减少到 2022 年 24.50 万吨，减幅 18.3%。

知识拓展

绿色食品　农药使用准则

任务三　兽药对农产品质量的影响

兽药在防治动物疾病、提高生产效率和改善畜产品品质等方面被普遍应用。随着生活水平的提高和对高品质生活的追求，人们对畜禽等动物性产品的质量安全提出了更高的要求，畜禽产品中的兽药残留已逐渐成为全社会普遍关注的问题，人们对其危害的认识也在逐渐加深。

兽药是指为了预防、诊断、治疗畜禽等动物的疾病，被有目的地用来调节动物生理机能的物质。广义上的兽药包括疫苗、抗生素、生化药品、血清制品、诊断制品、中药材、中成药、微生态制剂等。兽药常见剂型有原料药、片剂、散剂、针剂、生物制品和消毒剂等。饲料添加剂属于兽药的范畴。合理使用兽药，可起到降低动物发病率与死亡率、提高饲料利用率、改善畜禽产品品质等作用。但是，一些个人和组织为追求更大经济利益，滥用兽药，导致畜禽产品和相关环境中药物残留超标，影响了生态环境和人体健康。

一、兽药污染现状

兽药残留是指给畜禽等动物用药后，蓄积或贮存在动物细胞、组织、器官以及可食性产品中的药物或化学物的原形、代谢产物和杂质。在现代养殖业生产中，由于环境、动物自身，特别是人为等因素，导致动物涉入药物成为常态。科学施量、合理用药的情况下，进入体内的药物通常能被动物吸收代谢，然后再被自然界分解。然而，如果过量用药、滥施药物，就会存在兽药残留、兽药污染现象。过量的兽药不能被动物完全吸收代谢，一部分以原药的形式残存在动物体内，被人类直接食用；另一部分随动物粪便排出，污染土地和水源。长期食用兽药残留超标的食品，会对人体健康造成损害；同时，兽药残留超标也会严重威胁畜牧业的健康发展和生态环境的平衡。

兽药残留问题影响着动物性食品的安全，导致了红心鸭蛋、"瘦肉精"猪肉、喹乙醇兔肉等违法违规动物性食品的出现，危害了人体健康和生态环境，制约了我国动物性食品的出口。为何会出现兽药害人的情况呢？究其原因，主要包括：集约化养殖模式与落后管理之间的矛盾，导致动物疾病增多，兽药使用频繁；养殖户对兽药残留危害认知不足，滥用及非法使用兽药，不遵守休药期规定；相关部门监管力度不足，检测不全面；等等。总结起来，兽药污染主要表现为以下几个方面。

（一）诱导产生耐药菌株

据报道，近几年我国畜禽生产所施兽药中，用于治疗的仅占25%，用于疾病防控和促生产的占75%，不合理用药比例高达40%—85%。部分养殖户为了预防和控制动物疾病的传播，频繁对动物使用低剂量的抗菌或抗生素类药物，导致动物体内的病原菌出现耐药性，继而产生耐药基因，形成新一代的抗性菌群。这些抗性基因既可以在同种细菌身上代代传递，又可以在不同细菌之间传递，这便导致一些耐药性细菌虽然不具有致病性，却能够通过基因横向传播机制把耐药性传递给致病菌。与此同时，人体内病原菌约有60%来源于畜禽，一旦人们食用含有耐药性菌株的动物性食品，耐药基因便会进入人体，在人体内进一步发生耐药性反应，甚至形成"超级细菌"，从而严重威胁环境和人体健康。

（二）引起过敏反应

过敏反应又称超敏反应，是指人体接触过敏原后产生的过度免疫反应。动物性食品中残留的（如四环素、青霉素、磺胺类及某些氨基糖苷类抗生素等）药物，具有抗原特性，能够使易感人群产生相应的抗体，继而发生过敏反应，甚至出现多种变态反应。一般轻微过敏时，人们会出现皮肤瘙痒、发热头晕、关节肿疼等情况，严重过敏时，甚至会出现呼吸困难、休克等症状，危害生命健康。

（三）产生特殊毒性危害

特殊毒性即致癌、致畸及致突变。医学研究表明，兽药中的某些成分能诱发人体的细胞、基因及染色体变异，大大增加致癌、致畸及致突变的概率。例如：丁苯咪唑和硝基呋喃类药物具有较强的致畸作用，可引起细胞染色体突变；磺胺二甲嘧啶可诱发甲状腺癌；雌激素可导致女性性早熟并抑制发育，诱发生殖系统癌变等。此外，有些兽药成分会在人体内长期残留，不仅对机体造成不可逆的损害，还可能通过生育影响后代。

（四）造成生态环境污染

在畜禽生产过程中，过量使用的药物会以代谢产物的形式，通过畜禽粪便、尿液排入环境中，且难以被有效降解，导致土壤、水源和空气出现不同程度的污染。如：

含过量微量元素（铜、锌）的兽药可造成土壤板结、土壤肥力下降；氮、磷等物质进入湖泊、河流可引起水体富营养化，威胁水生动植物的生长和生存。此外，环境中的兽药残留还会影响其他生物，如真菌、放射菌、纤维分解菌等有益微生物菌种的生物菌落的构成。在饲料添加剂中过量添加微量元素会导致畜禽机体及粪便中重金属高浓度残留。而重金属污染的最大威胁在于，它不能被微生物分解，可在生物体内富集，甚至在与有机物作用时形成复合污染，对人体健康产生更大的危害。同时，当高浓度的重金属离子富集在畜体中时，会诱导出微生物体内对重金属的运输和毒性起到拮抗与解毒作用的抗性基因。

二、兽药污染的原因

青霉素、氨基多糖、四环素等类药物被广泛用于预防或治疗畜禽疾病，有的还被作为饲料添加剂用于促进畜禽生长和提高畜禽繁殖能力。这些兽药往往通过喂料、喂水、肌肉注射等方式输入畜禽体内，如果用药时间太长或剂量较大，会引起兽药残留。

（一）不按照要求使用兽药、饲料添加剂

一些畜禽养殖场（户）对控制兽药残留认识不足，法制观念淡薄，不懂得科学饲养，滥用药、超范围、超剂量用药，造成兽药残留。一些生产企业为了追求暴利，违反国家规定，在饲料中超剂量用药或滥用违禁药品来改善畜禽酮体品质；不按休药期的规定，在畜禽出栏前或者奶用畜产奶期仍继续使用兽药；在畜禽等屠宰后，为了保持畜产品新鲜，使用抗生素来抑制病原微生物的滋生和繁殖。这些方式都会造成兽药残留。

（二）兽药产品质量不稳定，用户缺乏检测手段

为了控制动物疫病，养殖户不得不增加兽药的使用量，但药物残留只有通过实验室专业人员检测才能发现，无法用感官判断，因此往往被人忽视。

（三）养殖水平低

现阶段，我国畜禽饲养仍以农户散养或家庭小规模养殖为主，而且这一状况在短时期内不会改变，分散饲养加大了控制兽药残留和检测监督的难度。农业农村部调查数据显示，我国动物性食品兽药残留超标现象多集中在中小养殖户。一方面，这些养殖户缺乏基本的专业知识，甚至毫无畜禽疾病预防诊治方面的专业背景，这导致他们常使用劣质或假兽药；另一方面，为了追求所谓的促生产或预防疾病效果，这些养殖户常盲目过量或违法使用兽药。有的畜禽在出栏前突然发生疾病，养殖户为了掩盖病情也会使用一些抗生素来迷惑屠宰场，或者躲避屠宰前的检测，由此引起畜产品兽药残留超标。

（四）环境污染

环境污染主要包括两个方面：一是工业生产带来的"三废"、农业生产所施农药、

含有兽药的畜禽残留的排泄物，以及城市生活垃圾中的有害物质带来的污染。这些有害物质通过各种途径进入农田中，不仅会给农作物带来不利影响，还会对水体、土壤等造成破坏。其中的重金属、农药、无机物等有害物质会被农作物吸收，又在农产品被人食用后进入人体，从而引发很多疾病。二是水污染带来的污染。随着工业的发展，水体常被污染，主要污染物为有毒有害物质。当畜禽饮用了受到工业废水、农药污染、兽药污染的水时，这些有毒有害物质也会残留在畜禽体内。

三、兽药污染对农产品质量的影响

兽药残留严重影响了我国动物产品的出口，损害了我国畜产品在国际上的声誉，影响了畜牧业的发展。兽药残留还对环境造成污染，给人们的健康带来极大的隐患。

（一）不利于农产品质量安全

例如：当抗生素等兽药的投放量超出动物体吸收和代谢的能力时，一部分抗生素便以原药的形式在动物体内残余，直接威胁农产品安全；另一部分抗生素便伴随动物粪便排出，污染土壤、水体，进而威胁大田农作物、水生动物的品质。过量使用饲料添加剂，可导致禽畜体内及排泄物中残留高浓度的重金属，重金属可在生物体内富集，甚至与有机物作用产生复合污染。

（二）影响我国畜产品在国际上的地位

我国出口的动物产品被检测出药物残留超标，导致产品被退回，使我国在农牧产品出口方面受到了严重的影响，给我国带来极大的经济损失与负面影响。

（三）影响生态可持续性发展

兽药残留问题对环境有一定影响，其影响程度主要是由兽药在环境中的释放量及降解速度决定的。一些抗生素类的药物在肉制品中的降解速度很慢，即便在高温条件下也不会分解，而一些能够降解抗生素的药物又会产生非常严重的副作用，如溶血和肝中毒。把含有兽药残留的废弃物随意丢弃或堆放，会对周围的生态环境造成非常大的威胁。另外，使用过药物的动物的排泄物等在没有经过处理和降解的情况下直接排放到周围环境中，也会给周围环境带来二次污染，甚至会使周围的生态环境失衡。

（四）危害人类健康

许多抗生素类药物都具有抗原性，会使一部分人出现过敏反应。激素类药物可以促进畜禽生长，但过多食用含有这类药物的畜禽产品，会影响人体正常激素水平、功能，易诱发癌症。残留抗菌药物的畜产品进入人体后，会给人体消化系统中的正常菌群带来不良影响，体内有益的细菌会因抗菌药物的影响被抑制或者被杀死，导致整个菌群的生态平衡受到破坏。如果人体长时间接触含有抗菌药物的动物性食品，会产生一定的耐药性。现已发现许多兽药具有致畸、致突变、致癌作用。

知识拓展

绿色食品 兽药使用准则

绿色食品产品适用标准目录（2023 版）

任务四　化肥对农产品质量的影响

化肥，即化学肥料，是指通过化学方法制成的含有一种或几种农作物生长需要的营养元素的肥料。合理施肥可改善土壤肥力，提高农作物单位面积产量。但施入农田的化肥不可能被农作物完全吸收，没被吸收的化肥小部分会通过挥发进入大气中，绝大部分则会残留在土壤中或溶解于水体中。土壤的肥力并不会随化学肥料使用量的增加而线性上升，过多使用化学肥料反而会导致土壤肥力下降，并令农作物的品质受到不同程度的影响。生态环境也会因化学肥料的过量使用而被破坏，某些元素还会通过生态循环进入人体，影响人体健康。不合理地施用化肥会造成农产品质量下降、水体富营养化、土壤性质恶化、大气成分比例变化等。

一、化肥污染的现状

化学肥料具有成分单纯、肥效快等优点，但大量施肥会造成地区养分盈余，其中多余的氮、磷、钾等养分通过径流、淋洗排到水体中导致水体污染，引发水体富营养化，进而影响水生植物、动物生存。用这些受污染的水灌溉农田，虽然能在一定程度上给农作物带来养分，但也会造成盐类在土壤中积累，进而增加土壤溶液浓度、产生不同渗透压，导致植物根系无法从土壤溶液中吸水和根系细胞质中水分外流，出现"烧苗"现象，影响农作物正常生长。而化肥残留中的有毒物质可通过食物链传递，影响农产品产量和质量，严重时引发食品安全事故，最终影响人类健康。例如：常食用重金属污染的农产品易引发"骨痛病"。

（一）对水环境的影响

化肥是引发水体富营养化的主要氮源和磷源。未被植物吸收的氮、磷元素会随着地下水的渗透不断蔓延，促使天然水体中一些生物大量繁殖，进而导致水体溶解的氧被大量消耗，形成富营养化污染。大范围超标准施用化肥会使土壤发生性变，阴离子随着水体渗入地下，导致水体中氮、磷、钾三种元素含量升高。从全国情况看，化肥中氮的平均损失率约为45%。大量氮肥、磷肥的径流流失，加重了地表水体的富营养化；稻田泡田弃水以及连续大量给蔬菜施肥造成土壤氮素高度富集的氮素径流流失，对周围水体的威胁最大。过量施用氮肥引起氮肥的渗漏流失，会增加地下水硝态氮含量，引起地下水硝态氮污染。

（二）对大气环境的影响

化肥对大气环境的影响主要来源于氮肥。氨的挥发、释放等会使大气中的氮含量增加，造成一系列影响。大气中氨质量浓度的本底值为 2 微克/米³，这是动植物能正常代谢吸收和释放的浓度。氮肥的过量施用，会导致大气中氨的浓度过量，危害人和动植物健康。土壤中积累的氮素，在厌氧还原条件下，会发生反硝化反应，进而与氧气反应，形成臭氧，组成化学烟雾，刺激人、畜的呼吸器官；而到达同温层的二氧化氮则会破坏臭氧层，对人体健康及农作物生长有负面影响。随着农业集约化程度的提高，氮肥的施用会促进农田二氧化碳的排放。同时，氮素硝化及反硝化会释放一氧化二氮到大气中，加剧温室效应；一部分一氧化二氮经过系列氧化与水解作用会转变为硝酸，成为酸雨的成分之一，引起土壤与环境的酸化。

（三）对农作物病虫害的影响

过量施用化肥不仅使农业生产成本提高，肥效降低，氮、磷等污染物增加，还加重了农业病虫害的危害，导致农药使用量增加，又间接增加农药污染。过量施用氮肥会使水稻茎叶徒长、细胞壁薄、机械组织不发达、稻秆柔软、抗逆力减弱，导致田间湿度加大、荫蔽时间增长，滋生多种病虫害。

（四）对土壤的危害

过量施用化肥会破坏土壤结构。氮、磷、钾等元素易被土壤固结，使各种盐分在土壤中积累，导致土壤中盐类矿物质增多、腐殖土和上层土下降、有机生物被灭杀、养分失调、部分地块有害重金属含量和有害病菌量超标，从而导致土壤性状恶化。一些酸性化肥，如过磷酸钙、硫酸铵等大量使用，会导致土壤酸化、生物活性不足、养分形态和有效性改变或降低。土壤酸化还会导致有毒物质快速释放、融入土壤、随水下渗，从而使土壤逐渐贫瘠。如：磷肥用量约占我国施肥量的20%。磷肥的生产原料为磷矿石，磷矿石中含有大量氟、砷等有害元素，其加工过程还会带进镉、汞等重金属物质，这些物质进入土壤，会对土壤造成危害。此外，过量施用化肥还会造成土壤盐渍化。土壤表层盐分过高且不容易挥发，会令土壤透气性受阻，影响农作物生长。

二、化肥不合理使用的原因及对策

化肥污染主要是化肥的不合理使用引起的，化肥的使用一定要适量。

（一）农技宣传推广不到位

农民需要科技指导，但现实中，农村的许多科技人员先后转行离开了农技推广一线，继续从事农技推广工作的部分人员知识更新较慢，另有一些农技推广工作人员忽视实际农业生产而只注重农资销售，这些在无形中导致了化肥的过量施用。针对这一问题，应对农技推广人员定期进行业务培训、指导，要求他们掌握管辖区块土壤的基本状况，为农民提供有针对性的指导，做到对症施肥、配方施肥。

（二）农民缺乏基本农业知识

各地的土壤肥力不同，农民对适用的化肥品种、施用量和施用时间不清楚。大部分农民片面地认为多施肥便可多增产，不了解施用化肥量对土地肥力的影响，不可避免地出现超量施用化肥的问题。可以将土壤普查的数据和农作物的基本特性整理成小册子，由农技推广人员宣传推广，使农民知道常见农作物的特性、需肥规律、施用时期以及土壤供肥状况等，从而合理施肥。

（三）产品更新换代不能满足生产的需要

随着科技的进步，有机肥、菌肥等新兴肥料开始在大部分地区施用。对此，可以从政策层面上给予支持，加大有机肥、菌肥的研发力度，实现化肥和菌肥的配合使用。

为推动经济作物和设施农业有机肥代化肥，可以开展测土配方施肥。应按照农业农村部测土配方施肥技术规范和土壤取样测土要求，使主要农作物测土配方施肥技术覆盖率达到95%以上，并且通过规范开展土壤样品采集、分析检测和数据采集工作，推广有机肥施用。

三、化肥污染对农产品质量的影响

（一）农产品质量下降

氮肥过量施用会导致硝酸盐积累过多，影响农产品质量。大量研究表明，果园、菜园大量施用氮肥，会使土壤中硝态氮含量普遍偏高。其被蔬菜、水果吸收后，会给人体健康带来潜在危害。硝酸盐本身毒性不大，但它会在人的肠胃中经硝酸还原菌的作用而转化为亚硝酸盐，从而引发人体高铁血红蛋白症，可能令人血液缺氧中毒。此外，亚硝酸盐与人体次级胺结合会形成强致癌物亚硝胺，诱发人体消化系统癌变。可见，氮肥的不合理施用，不仅使我国农产品品质下降，对我国农产品在国际市场上的竞争力有很大影响，还严重影响着人类的健康。

磷肥过量施用会使土壤中磷素积累过多。过量的磷会抑制蔬菜对钙、镁、钾和微量元素锌、锰、铁的吸收，使蔬菜植株体内正常的生理代谢发生紊乱，导致蔬菜出现许多生理病害，品质随之下降。

过量施用元素品种单一的化学肥料，会导致某种元素含量偏高，从而造成累积，使土壤中的重金属及有害病菌数量超过常规标准，令土壤的性状发生变化，使农作物不能进行正常物质的合成和转化，造成农产品产量和质量的下降。

（二）农产品安全受到威胁

过量施用化学肥料，病虫害的发生率将会上升。病虫害发生后，会增加农药用量，农药的残留就会增加，食品安全受到很大威胁。而在人类食用这些食品后，残留的农药会进入人体，威胁人类健康。

知识拓展

绿色食品 肥料使用准则

任务五　饲料安全对农产品质量的影响

饲料是指农业或牧业饲养的动物的食物。饲料包括大豆、玉米、豆粕、鱼粉、氨基酸、杂粮、乳清粉、油脂、肉骨粉、饲料添加剂等十余个品种的饲料原料。饲料质量的好坏直接影响畜产品的质量高低。一方面，家畜食用有害饲料后，会产生疾病，导致产量降低，威胁畜牧业可持续发展。另一方面，人类食用携带有害物质的家畜，生命安全会受到威胁。随着我国人民生活水平的提高，人们对畜产品质量的要求也越来越高，近些年来发生的食品安全事故引起了人们对畜产品质量安全的关注。

一、饲料安全现状

饲料安全通常是指饲料和饲料添加剂不能含有对被饲养的动物有危害的物质或因素，也不能含有会在畜产品中蓄积、残留或转移的有毒害的物质。饲料安全关乎被饲养动物的健康生长，畜牧业的发展离不开饲料安全的保障。

饲料的安全由优质的饲料原料、合理的饲料添加剂和完善的饲料加工工艺来保障。优质的饲料原料是保障饲料安全生产、保证畜类和畜产品安全的前提，饲料原料质量的变化会直接导致饲料配方设计和产品质量的变化。例如：饲料原料的主要成分为植物，而含有过量农药的植物被制成动物饲料后，会造成饲料农药残留，影响畜产品质量；合理使用饲料添加剂可以提高动物健康水平，促进动物生长，提高饲料性能和利用效率，增加畜产品的产量，但是过度使用添加剂会对人体及环境造成危害；在饲料加工过程中，如果操作不当，会造成饲料化学、细菌和病毒污染，威胁动物生长，降低畜产品质量。

二、饲料污染原因

（一）有害微生物污染

饲料中含有很多种微生物，包括有害微生物和有益微生物。饲料有害微生物污染主要来自饲料原料和饲料产品。饲料有害微生物污染有四种方式：土壤本身存在的有害微生物造成感染；对植物施肥的过程中污染了植物原料；有害微生物直接感染了用于制造动物源性饲料的动物；运输、加工和储藏饲料原料的过程中造成的有害微生物污染。

在饲料有害微生物污染中，最普遍的是霉菌污染，细菌污染次之。目前已发现的霉菌有 100 多种，其中对畜禽有毒害的主要是曲霉菌属、镰刀菌属和青霉菌属。常见的霉菌毒素有黄曲霉素、赭曲霉素、玉米赤霉烯酮和单端孢菌霉素等。饲料原料或产品一旦被有害微生物污染，会对饲养的动物造成很大的损害，进而损害养殖户的经济效益。玉米、花生及饼粕易受黄曲霉污染，黄曲霉产生的黄曲霉素具有细胞毒性、致突变性和致癌性，动物幼仔最易受其毒害。黄曲霉素是肝脏毒素，成年动物对黄曲霉素的耐受力强一点，轻微的中毒会抑制动物的生长，降低饲料利用率，使黄曲霉素在畜产品中残留，严重的中毒会使动物致病死亡。沙门氏菌是最大的饲料细菌污染源，也是病原微生物中危害很大的一种。鱼粉、肉骨粉和羽毛粉等饲料易被沙门氏菌污染，导致的疾病主要有猪霍乱、牛肠炎和鸡白痢等。

（二）原料污染

生产饲料需要很多种原料，其中农作物是原料的主要来源。种植户为追求高产、防治病虫害，通常会使用大量化肥和农药。过量使用化肥和农药会引发饲料安全问题：一方面，含有农药的农作物被加工成饲料喂给动物，残留的农药会积聚在动物体内，严重危害动物健康；另一方面，农作物中的农药残留很难在饲料加工过程中清除，因现实条件限制，对饲料产品的药物残留检测比较困难，这便加剧了饲料安全问题的发生。饲料原料的另一种来源是动物源性原料，这种原料中含脂肪、蛋白质较高，在运输、加工和储藏等过程中，容易产生氧化酸败，进而导致饲料出现质量问题。

（三）生产加工过程污染

饲料加工过程中出现的质量安全问题由很多因素决定。饲料添加剂广泛用于畜禽养殖业，能为动物生长提供多种养分，还能起到防畜病、促生长的作用。但生产企业一味追求经济利益，在添加剂中大量添加微量元素、生长激素，从而导致饲料污染。第一，过量添加药物添加剂。如：在饲料中添加镇静剂，让动物吃了睡、睡了吃；添加激素，促进动物快速生长；添加抗生素，让动物不容易被细菌感染。长期使用抗生素，将诱发动物肠胃功能紊乱，还会使一些菌群突变为耐药菌株。第二，过量添加微量元素。微量元素是动物生长必备的一类营养，但如果添加的微量元素超出允许范围，很容易造成动物中毒。如：高铜饲料容易造成动物慢性中毒，易诱发胃溃疡。微量元素的过量添加还会导致畜禽机体及粪便中重金属高浓度残留。

饲料在加工过程中容易出现交叉污染。如果加工工艺掌握得不够准确，饲料中的添加物在经过一系列加工操作后，不仅会降低饲料营养价值，还会产生有害物质污染饲料。比如：氨基酸发生降解、矿物元素发生反应形成复杂的化合物等，均会对饲料价值和安全产生影响。

三、饲料安全问题解决对策

（一）贯彻落实饲料生产法律法规，全面提升产品质量意识

要利用各种渠道和手段广泛宣传并贯彻落实《饲料和饲料添加剂管理条例》《饲料和饲料添加剂生产许可管理办法》《农产品质量安全法》等法律法规，增强饲料行业管理者、饲料生产者和经营者以及畜禽养殖使用者的遵纪守法意识，使饲料从业人员学好法、用好法、守好法，树立饲料安全则畜产品安全的理念，以饲料安全为核心，以产品质量为准则，禁止生产、经营和添加各种违禁药物，加大执法力度，保证饲料安全。饲料生产企业应全面推行危害分析和关键控制点（HACCP）管理制度，生产健康、安全、卫生、高品质的饲料。

（二）加强饲料质量监管力度，健全畜产品质量可追溯制度

要对饲料生产企业、畜禽养殖场（户）进行全方位监管，并让其接受社会监督。第一，完善饲料监测体系：对于饲料原料和成品，饲料生产企业不但要测定其营养物质，还要进行安全性能检测；饲料成品要有安全性能标注，各级饲料检测部门要定期抽检，形成制度。第二，提高饲料检测手段：尤其要提高快速检测技术，以适应对饲料和饲料添加剂开展饲料安全检测工作的要求。第三，加强畜产品安全的溯源管理：从饲料原料的来源、饲料生产企业、养殖场（户）到畜产品的销售，要实行全过程监控不脱节，健全畜产品质量可追溯制度。

（三）积极研发新技术、新产品

要加大科研资金投入，支持科研团队通过不断摸索和实践，研发营养全面、无药物残留、无毒副、无污染、易吸收的益生菌饲料，研发饲料产品质量安全各环节检测的新技术和新设备，确保生产无毒害、检测全环节。要加强新技术和新产品的宣传和推广，做好生态养殖宣传工作，提升广大养殖户和种植户的环保意识和责任感。

（四）科学安全使用添加剂

要加强对饲料添加剂的研究，用安全、有效、无残留的动物促生长剂和保健剂代替抗生素和化学药品。绿色环保是未来饲料添加剂的发展方向，具体方向主要有金属

微量元素氨基酸络合物、饲用微生物添加剂、醇制剂、中草药等。要严格按照使用规范使用饲料添加剂。

（五）加强畜产品的安全监测与控制

解决畜产品的安全问题要从源头入手，实行全程监控制度，这需要全社会的共同努力。既要健全动物性食品质量认证体系与市场准入制度，建立无公害畜禽生产基地，又要使我国对动物性食品的管理与国际接轨，对兽药、饲料、添加剂、动物性食品安全实行全方位监控，还要在食品安全监控系统中建立预警系统、可追溯系统、应急系统等，完善动物性食品质量监督检测体系和安全管理体系。

四、饲料对畜产品安全的影响

饲料对畜产品安全的影响具有鲜明的特点。一是隐蔽性：由于技术手段的限制，一些饲料构成物质的危害性在投入使用前不能被充分认识到，这些物质的毒副作用，利用常规检测方法往往不能有效鉴别，其危害性也不能通过畜禽饲养过程及时发现。二是长期性：在利用饲料养殖的过程中，蓄积在畜禽体内的有毒有害物质对环境的直接污染或通过人体蓄积所造成的影响不可能在短时间内完全消除。三是复杂性：饲料不安全因素的成因复杂多变，存在人为因素、非人为因素、偶然因素等，这是由饲料产品的重要性、特殊性和利益因素决定的。

（一）饲料中的有害物质在畜产品中残留

饲料中含有有害物质时，若喂养过量或长期饲喂，会引起动物蓄积性中毒并在畜产品中残留。如棉籽饼中含有棉酚，如果连续过量食入，会产生蓄积性中毒；青饲料含硝酸盐高，当加工贮藏不当时，硝酸盐会还原成亚硝酸盐，从而引起动物中毒或在畜产品中残留。

（二）饲料储存、加工、运输等环节处理不当对畜产品安全的影响

饲料的变质是由霉菌引起的，霉菌能够利用饲料中的营养物质生长繁殖，使饲料的营养价值下降。霉菌在生长繁殖过程中产生霉菌毒素等代谢产物，会造成人类和动物急性或慢性中毒。受到霉菌污染的饲料产生的霉菌毒素可导致畜禽产生急、慢性霉菌中毒，并可在畜产品中残留，从而威胁畜禽的健康和畜产品的安全。

（三）饲料添加剂使用不当对畜产品安全的影响

锌、硒、高铜、砷制剂、肉骨粉、油脂等生长促进剂使用不当或滥用，会在动物体内残留蓄积，危害人类健康；抗生素的滥用会导致抗生素残留，人类食用后人体内会产生大量耐药菌株，从而失去对某些疾病的抵抗力，引起过敏反应等，对人体器官产生严重的毒害作用；添加一些国家明令禁止的药品，如"瘦肉精"、三聚氰胺、性激素和精神类药物等，会在畜产品中残留，对人类健康造成威胁。

知识拓展

绿色食品 饲料及饲料添加剂使用准则

任务六 农膜对农产品质量的影响

农膜，具有提高土壤温度、保持土壤湿度、调节土壤微生物活动、促进种子萌发及根系生长等功能。农膜主要是棚膜和地膜，还包括遮阳网、防虫网、饲草用膜及农用无纺布等。通过农膜覆盖，可营造适宜农作物生长发育的环境，提高农业效益。但是，覆盖后的农膜会不断老化、变硬变脆，不断碎落在农田之中，不易彻底回收；同时，田间农膜很难完全降解，易造成农膜残留。残留的农膜可造成白色污染，破坏土壤理化性质，阻碍水肥输导，影响农机操作，降低农产品质量与产量。

地膜应用广泛，加之本身厚度较薄易老化，回收更加困难，这使地膜产生的面源污染范围远高于棚膜。本书中的农膜污染主要指地膜污染。

一、农膜污染的现状

我国是世界上地膜使用量最多、覆盖面积最大的国家。2021年，我国农用塑料薄膜使用量约235.8万吨。西瓜、烟草、棉花等多种经济作物，以及玉米、小麦、水稻等大宗粮食作物都已使用上了地膜。地膜覆盖使农作物产量增加30%以上，由此带来的直接经济效益，每年高达1 400亿元。

使用地膜覆盖农田存在不同程度的残留污染问题。2020年生态环境部、国家统计局、农业农村部共同发布的《第二次全国污染源普查公报》显示：2017年，我国地膜多年累积残留量高达118.48万吨。全国大部分耕作土壤均有不同程度的地膜残留污染。

地膜的材料大多为高分子化合物聚乙烯，在自然环境条件下难以降解。数据显示，我国农田每年会新增20万至30万吨不能降解的残留地膜。残膜破坏了土壤结构，使土地板结，影响农作物出苗，阻碍农作物根系生长，导致农作物减产，破坏生态环境。残膜污染严重的土壤会使小麦产量下降2%—3%、玉米产量下降10%左右、棉花产量下降10% —23% 。

二、农膜污染的危害

农膜中的地膜结构稳定，在自然条件下能够在土壤中长时间存留，残膜对农业生产及农村环境都具有较大的副作用。

土壤中的残膜在光、热、机械活动、土壤动物和微生物的作用下会破裂降解，但很难完全降解，当塑料碎片或塑料球直径达5毫米以下时，即形成微塑料。微塑料存在于土壤中，会破坏耕层土壤的结构性质，改变土壤微生物组成，危害土壤动物生长，影响水分和养分迁移，阻碍农作物种子发芽和根系生长，最终造成农作物减产，甚至可能威胁农作物生产安全。土壤中的微塑料还可能通过食物链进入人体，从而威胁人体健康。

(一) 破坏土壤特性

地膜易碎但不易分解，残留在农田土壤中的地膜对土壤特性会产生不利影响。第一，残膜会破坏土壤的通透性，以及团粒结构的形成，使土壤的上下层之间隔离，形成断层，影响土壤性状，而且很容易导致土壤板结，降低土壤的吸水和保水能力。第二，残膜会导致土壤的胶体吸附能力降低，使一些速效养分不能及时凝结在土壤中，导致养分流失。第三，残膜对土壤微生物的活动产生抑制，导致迟效性养分的转化率变得很低，还会影响土壤中有机肥料的分解和释放，降低肥料效果。

(二) 对农作物生长发育造成影响

农作物生长发育是以土壤为基础的，地膜残留在土壤内，会导致农作物种子不能及时发芽，即使发芽也会因为根系不能穿透地膜而使生长受到影响。如果将种子播到残膜下面，种子发芽后可能受到残膜的阻碍长不出来，造成缺苗。较小颗粒的微塑料能通过农作物根系或叶片气孔进入农作物体内，导致农作物发生氧化应激、损伤等现象，生长会受到抑制。微塑料在农作物体内积累，阻碍农作物细胞间的连接，堵塞细胞壁通道，不利于农作物对养分的吸收和运输。

例如，低中浓度微塑料抑制小麦种子发芽；聚苯乙烯微球可被生菜大量吸收，并迁移和积累到可被直接食用的茎叶之中；聚丙烯微塑料抑制玉米根系生长。极少数亚微米微塑料和纳米塑料还可以通过植物的根系进入脉管系统，并迅速转移到茎、叶，甚至果实。

(三) 影响人体健康

农膜生产过程中会使用添加剂，而残膜本身也含有化学物质。残膜中的添加剂会向土壤及水中渗透和迁移，从而对大气、土壤、水体等产生污染。尤其是一些含铅、镉等重金属元素的有毒添加剂，会在土壤中富集，然后进入农作物中，进而影响人体健康。微塑料也可以进入动物组织中，并在食物链中传输，也会影响人体健康。研究表明，农作物如小麦和莴苣能直接吸收微塑料并在体内积累，人类食用这类谷物和蔬菜时，可能将微塑料摄入体内。微塑料对食品安全和人类健康具有潜在威胁。

三、废旧农膜回收利用的对策

（一）推广合格农膜

农业农村部门要与市场监督部门、供销合作社、环境保护部门等协作，对农膜生产、销售和使用环节加强监管，加大对不合格农膜的监管力度，从源头上杜绝不合格农膜的使用。

要推广厚度大于 0.01 毫米的农膜和全降解农膜，确保农膜能有效回收或降解，减少农膜在土壤中的残留量。

（二）加强废旧农膜回收利用

要强调废旧农膜对环境的危害性和回收利用的重要性，提高农膜使用者、销售者的回收意识，确保废旧农膜危害知识深入人心，使使用者养成自觉回收废旧农膜的习惯，加强对生产过程中的各种残膜的回收和清理。

（三）强化回收监管，建立长效监管机制

在农膜回收处理过程中，必须要加强监管，建立长效监管机制。要全面实施残膜回收净土工程，将残膜污染治理当作一项长效公益任务来抓。政府要发挥监督管理指导责任，一方面要依法律法规强化监管，壮大农膜加工龙头企业，使农膜质量更高，减少对环境的危害；另一方面要完善残膜回收网络，使残膜回收过程变得更加便捷，并带动农户主动参与到残膜回收工程中。

（四）政府推动，政策保障

落实《中华人民共和国土壤污染防治法》《农用薄膜管理办法》的要求，加强对农膜生产、销售、使用和回收等环节的监管，建立农膜回收全程监管体系。农业农村部、国家发展改革委、工业和信息化部、财政部、生态环境部、国家市场监督管理总局六部委联合印发的《关于加快推进农用地膜污染防治的意见》指出，要推动白色污染联合治理，规范农膜生产者、销售者、使用者的行为，确保各项政策措施落到实处。

知识拓展

农用薄膜管理办法

项目二　掌握农产品安全控制技术

任务一　农药安全使用技术

农药是一类生物活性物质，很小的剂量就能引起生物体强烈的针对性生理或病理反应。农药的安全使用含义很广。人的安全最为重要，而作为保护对象的农作物、有害生物天敌、畜禽鱼蜂蚕等养殖业动物的安全，同样也很重要。

制定安全用药制度，是防治农药残留的一个非常重要的措施。要通过对自然环境、食品中农药残留的普查，以及对农药对人畜慢性毒性的研究，制定各种农药的允许应用范围。要了解农药对人畜生理的毒害特点，确定各种农药的每日允许摄入量，并根据人们的取食习惯，制定农作物与食品中的农药最大残留允许量；了解农药在农作物上的动态，制定施药的安全间隔期，确定最后一次施药至农作物收获的允许间隔天数，即收获前禁止使用农药的日期。要确保大于安全间隔期施药，确保收获农产品中农药残留量不超过规定的农药最大残留允许量，以保证食用者的安全。

要从农药登记管理、经营管理、使用管理入手，避免和减少农药对人、畜、农业生产、农产品和生态环境带来的安全隐患。要做到"三要"：一要提高农药登记管理水平，进一步增强科学性，严把新农药产品的市场准入关；二要对已经登记的老农药品种和产品进行再评审，能保留的要提高水平，不能保留的要坚决淘汰；三要有目的地调整农药生产企业，对生产企业规模小、数量多、重复生产严重的状况进行整治，整合现有分散的农药生产和经营资源，培育具有开发能力的大型农药生产和经营集团，促进农药工业发展，提高农药生产、经营和使用的整体水平，确保农业生产安全。

一、农药的安全使用

农药的安全使用是保障农业生产的主要因素。防控农药污染，首先要普及农药知识，加强用药安全宣传。可以采取一定的培训措施，组建从上到下的宣传教育网络，推广农药的科学使用方法，使农户能够结合病虫害情况以及环境条件、农作物生长条件，合理地使用农药，实现用最少的剂量达到预期效果的目标；同时，可以借助网络及新媒体平台，建立农药使用互动平台，为农户提供基础知识上的支持。还要加大农药管理法律法规宣传，列举农药使用中的违法行为，提高农户对农药管理重要性的认知，使农户主动应用科学方法使用农药。

农药的安全管理、科学使用、严防中毒具体要从以下几方面去做。

（一）严防农药经皮肤进入人体而引起中毒

搬运、装卸、分装商品农药时，避免让药剂黏附到人体皮肤上。量药、配药时要戴胶皮手套，喷雾、撒粉时要穿防护衣服。施药前应仔细检查药械，施药时人要在上风向，对农作物采取隔行喷药操作。

用过的防护衣物要及时用清水洗涤干净，无法清洗干净的要销毁。喷洒有些农药后可用肥皂洗，但是如果喷洒敌百虫等遇碱毒性更强的农药后，则不能用肥皂洗。

皮肤一旦附着药剂，应立即停止作业，进行清洗。若是眼睛溅入药液，则更危险，必须立即用大量洁净的清水冲洗，一般应冲洗 15 分钟以上。

（二）严防农药经呼吸道进入人体而引起中毒

农药存室应经常通风换气。人在密闭的室内作业时，要戴防毒面具，并严格按照有关规定，在专业人员指导下进行。

农药容器应密闭好，如有渗漏，应及时处理。

进行农药操作时，口、鼻不要靠近药剂，并应戴防护口罩，防护口罩用后要及时清洗。

配药或在田间施药时，要站在上风向，且不能吸烟。

若不慎吸入农药，应立即停止工作，转移到空气新鲜的场所。

（三）严防农药经口进入人体而引起中毒

严格禁止非蔬菜、果树使用的农药在蔬菜、果树上使用。在临近收获的植物上施药，尤其是在瓜果、蔬菜采摘施药时，要严格把握安全间隔期。

农药不得与可食用的商品混放、混装。药剂处理过的种子、刚施过农药的农田要有明显标识。盛过农药的容器，不得再盛放食品。

于农田、果树等处进行施药操作时或操作后未洗手、洗脸，严格禁止吸烟、进食、喝水。喷头堵塞时，要用清水冲洗，绝对不能用嘴吹。

（四）其他安全使用措施

积极学习并严格遵守农药使用准则。

要选择身体健康的青壮年担任施药员，凡体弱多病者、患皮肤病者、农药中毒未恢复者、皮肤有伤口者、"三期"（月经期、孕期、哺乳期）妇女等均不得到田间施药。

施药人员每次喷药时间一般不宜超过 6 小时，连续施药 3—5 天后，应换工 1 天。

要注意防火、防爆。许多农药，尤其是乳油，是易燃品，且燃烧时易爆炸，不易扑灭又污染环境，因此施药时切勿靠近火源。有些产品，如磷化铝，吸潮、分散，释放出的磷化氢气体含量高时会引起自燃，因此重要的仓库、帐幕不能漏水，药片要分散放置，切不可数片堆积到一起，以防药片分解时产生热量导致自燃。

二、农药的合理使用

化学性质不稳定的农药，易水解失效，施用后易被光照或空气氧化分解，被植物体吸收后易在植物体内降解而失去毒性。化学性质较稳定的农药，残留问题比较严重：含铅、汞等金属的有机或无机农药，施用后铅、汞等金属元素会依然存在于农作物或环境中，严重危害人畜健康；滴滴涕、六六六等有机氯类农药，稳定性好，不易分解，同时脂溶性高，在人畜体内易积累，属高残留农药，目前国家已经明令禁止使用。

一般来说，有机磷类和氨基甲酸酯类农药，其性质远远不如有机氯类农药稳定，其半衰期较短，引起农药残留的可能性较小。现在市场上销售的农药种类多、防治范围广、见效快，对农业增产有积极作用，但必须因时因地制宜、合理使用，对可能出现的农药残留问题，要区分不同情况、采取相应措施，控制农药残留污染。

（一）确定有害生物类型，对症用药

不同种类的农药都有各自的理化性质和防治范围，即使防治范围较广的农药，也不是对所有病虫都有效。因此，要正确选择农药种类。一般情况下，杀虫剂用于杀虫，杀菌剂用来防治植物病害，除草剂用来灭除杂草。即使同一种农药，如杀虫剂，对不同害虫效果也不同。如敌百虫对菜青虫、跳甲等害虫效果很好，但对蚜虫的防治效果较差；氰戊菊酯能防治许多害虫，但螨类的害虫防治效果较差；石硫合剂对白粉病防效好，而对霜霉病防效却差。要在熟悉农药理化性质及防治对象生物学特性的基础上对症下药，这样做不仅防效好，对农作物和环境污染也少。

（二）合理使用施药技术

农药的科学使用涉及施药机械、施用时期、施用剂量、施药间隔及施药次数等问题，其最终目的是使农药最大限度地击中靶标生物，减少对非靶标生物和环境的压力。科学使用农药，应该分别从农药的分散雾化、扩散运动、沉积分布等方面进行研究，开发低容量、超低容量喷雾技术，可控雾滴喷雾技术，静电喷雾技术，使喷出的农药90％以上沉积在植物上，从而大幅度降低农药用量，并防止农药进入环境。此外，各种类型的对靶标喷洒技术，如循环喷雾法、涂抹法、泡沫洒施法、注射法、化学灌溉法、树干注药和种子包衣法，都可以提高农药的有效利用率，降低农药残留。同时，施药者应依据"农药合理使用准则"系列国家标准，按规定的技术指标施药，严格遵照施药安全间隔期、施药方法、施药注意事项等，保证收获的农产品药物残留量不超过规定的限量标准，保证农产品食用安全。

三、农药的安全施用技术

（一）抓住用药关键时期，适时用药

各种有害生物均存在易受农药攻击的薄弱环节，应结合有害生物发生规律及农作

物生长发育等实际情况，选择最佳的农药防治时期。一般情况下，害虫防治适宜期在害虫 3 龄前或钻蛀性害虫尚未钻入植物前。此期间害虫体小、食量少、活动范围小、抗药能力弱，施药杀虫效果好。还要避开害虫天敌昆虫的敏感期施药。例如：寄生性害虫的天敌昆虫寄生蜂在成虫阶段抗药性最弱，应尽量避免在其羽化高峰期喷药。病害防治适宜期在其初发阶段或发病中心尚未蔓延流行前，病害初次侵染时期是最佳防治期。例如：在棉花枯萎病初期，施用杀菌剂灌根防治效果好。杂草防治适宜期由农作物、杂草敏感性及除草剂性能共同决定。例如：应在小麦 3 叶期以后喷药防治麦田杂草。

应根据农作物生长状况、环境条件、有害生物种群密度及其对药剂的敏感性，确定合理的用药量。农作物苗期应该尽量少用或者不用农药；环境气温较高时可适当减少用药量，环境温度较低、土壤呈黏性时可适当增加用药量；虫龄较大时，可适当增加用药量。应根据有害生物发生期长短、药剂性能及上次防治效果，确定施药次数。

喷施农药最佳时间是清晨和傍晚。这个时期易将农药均匀喷洒到农作物表面，且气温等外界因素对施药效果影响较小。大风、大雾、雨水及高温等天气尽量不要喷施农药，风雨会造成农药漂移和流失；高温会导致喷洒到农作物上的农药水分蒸发，使农药浓度增高而导致农作物药害。

（二）采用合理的施药方法

选用何种施药方法直接关系到对有害生物的防治效果，合理的施药方法不仅可以充分发挥农药防治有害生物的效能，而且可以减少农药用量和漂移污染，降低农业投入成本，避免因过量施药而导致农药污染。应根据有害生物的危害方式、危害部位及农药特性等，选用合理的施药方法。例如：采用土壤处理、拌种等方法可有效防治地下害虫；采用温汤浸种、拌种等方法可有效预防种子带菌；防治黄瓜霜霉病，喷药重点部位应在农作物叶子背面；防治炭疽病，喷药重点应在农作物叶子正面；防治蚜虫，农作物生长点和叶背是喷药重点；防治稻飞虱，水稻中下部为喷药重点。

（三）正确复配混用农药

混配农药是指将两种或两种以上农药制剂混合使用。混配农药是农业生产中常见的使用方法，合理的农药混配不仅可以提高药效、兼治多种有害生物，还可以省工、延缓有害生物对药剂的抗性。两种可用水稀释的药剂混配时，必须先配水，将其中一种药剂稀释到所需倍数，再用这些药液稀释另一种药剂，而不是先混合这两种药剂，再配水稀释。水剂与乳油混配时，可以先配制水剂药液，再用水剂药液配制乳油药液。有机磷、氨基甲酸酯等酸性农药易在碱性条件下分解，因此不能与碱性液体肥料或碱性农药混用。

混配农药时，需要注意下列几个问题：高毒农药品种一般不能混合使用；一般药剂不能与碱性物质混配使用；避免长期保存混配好的农药；谨慎混配使用不同剂型的农药；不能混配使用具有交互抗性关系的农药。

（四）注意轮换施用农药

在一个地区长期连续使用单一品种农药，容易导致有害生物产生抗药性，使防治效果下降。延缓有害生物产生抗药性的主要方法是轮换使用不同类别的防治药剂。

（五）选用高效的施药器械

近年来，电动喷雾器、植保无人机、履带式喷药车等新型施药器械被广泛应用于农业生产实践。施药器械具有作业效率高、农药损耗低、防治效果好等特点。施药器械性能的好坏直接影响防治效果、环境安全及防治人员安全，应选用正规厂家生产的性能良好的施药器械，并做好器械保养维修，以确保喷施效果。此外，要及时清洗施药器械，避免使用未清洗的器械盛装农药。

（六）选用生物农药和高效、低毒、低残留化学农药

应通过生物农药替代化学农药，低毒农药替代中毒农药，中毒农药替代高毒农药等措施，推进农药减产增效。应严格掌握农药使用安全间隔期，严格控制农产品的农药残留量；严格遵守农业农村部及相关主管部门发布的关于禁用和限用某些农药产品的规定。例如：选用35%多克福，作为大豆种衣剂；选用土菌清、恶霉灵、育苗灵，对水稻苗床进行消毒；选用25%咪鲜胺（施保克、施百克），进行水稻浸种；选用精稳杀得、虎威、杂草焚等，作为红小豆除草剂。

禁止使用的农药（56种）：六六六、滴滴涕、毒杀芬、二溴氯丙烷、杀虫脒、二溴乙烷、除草醚、艾氏剂、狄氏剂、汞制剂、砷类、铅类、敌枯双、氟乙酰胺、甘氟、毒鼠强、氟乙酸钠、毒鼠硅、甲胺磷、对硫磷、甲基对硫磷、久效磷、磷胺、苯线磷、地虫硫磷、甲基硫环磷、磷化钙、磷化镁、磷化锌、硫线磷、蝇毒磷、治螟磷、特丁硫磷、氯磺隆、胺苯磺隆、甲磺隆、福美肿、福美甲肿、三氯杀螨醇、林丹、硫丹、氟虫胺、杀扑磷、百草枯、灭蚁灵、氯丹、2，4－滴丁酯、溴甲烷、甲拌磷、甲基异柳磷、灭线磷、水胺硫磷、氧乐果、克百威、灭多威、涕灭威。（甲拌磷、甲基异柳磷、水胺硫磷、灭线磷过渡期至2024年9月1日，氧乐果、克百威、灭多威、涕灭威过渡期至2026年6月1日，过渡期内禁止在蔬菜、瓜果、茶叶、菌类、中草药材上使用，禁止用于防治卫生害虫，禁止用于水生植物的病虫害防治。甲拌磷、甲基异柳磷、克百威过渡期内禁止在甘蔗上使用。过渡期后禁止销售和使用上述8种农药。溴甲烷仅可用于"检疫熏蒸处理"。）

表 2.2 - 1　在部分范围内禁止使用的农药（12 种）

通用名	禁止使用范围
内吸磷、硫环磷、氯唑磷	禁止在蔬菜、瓜果、茶叶、中草药材上使用。
乙酰甲胺磷、丁硫克百威、乐果	禁止在蔬菜、瓜果、茶叶、菌类和中草药材上使用。
毒死蜱、三唑磷	禁止在蔬菜上使用。
丁酰肼（比久）	禁止在花生上使用。
氰戊菊酯	禁止在茶叶上使用。
氟虫腈	禁止在所有农作物上使用（玉米等部分旱田种子包衣除外）。
氟苯虫酰胺	禁止在水稻上使用。

（七）正确配制农药

应核定施药面积，采用正确的计量方法，按照农药瓶（袋）标签推荐使用剂量，准确计算用药量和配制的药液量。使用"二次稀释法"配制农药时，要先用少量水或稀释载体将原药调成母液或母粉，再稀释到所需浓度；不能选用非计量器具（例如瓶盖）随意量取农药原液；不能随意减少或加大用水量、用药量；要使用专用的木棍和容器将药液搅拌混匀，确保药液能均匀喷洒到农作物上；要充分利用包装物中的农药，减少包装物农药残留；农药废弃包装物和残液要分类集中处理，不得随意抛洒和丢弃。

（八）推广农药安全使用集成技术

应遵循"预防为主，综合防治"的方针，坚持"农业防治、物理防治、生物防治为主，化学防治为辅"的原则，确保农产品质量安全。坚持推广农药减量增效技术，控制农业面源污染；坚持推进绿色防控示范区建设、科学用药指导、专业化防控和农药经营标准化门店创建等，助力农业绿色高质量发展。

▉. 任务二　兽药安全使用技术 ▉.

科学、高效、安全地使用兽药，不但能及时、有效地预防和治疗动物疾病，节约开支，提高畜产品经济效益，而且能控制和减少药物残留，确保畜产品安全、优质、无公害生产。

一、合理选择兽药

选择兽药是对畜禽进行疫病防治的关键性一步，使用质量可靠、疗效确切的兽药才能实现较好的防治效果。具体操作中，应该依据所养殖动物的生理情况、年龄，以及疾病流行特点、饲养方式、饲养规模来选择药物。

要到正规的兽药经营处购买药物，采购前应先审查兽药外包装标签上的兽药处方药（非处方药）标志、GMP（药品生产质量管理规范）证书编号、生产许可证、执行标准、标准号、生产批号、主要成分、产品有效期、用量、含量、规格、适应症、贮藏条件、停（休）药期、生产企业信息、注意事项等内容，不得选购淘汰兽药或国家禁止使用的兽药。其中，兽药 GMP 认证情况、生产许可证可以从中国兽药信息网站查录取得；兽药批准文号有效期 5 年；兽药保质期一般为 2 年，超过有效期的兽药可判为劣兽药。同时，要从兽药外观识别其是否变质。片剂外观应完整光洁、硬度适宜、色泽均匀，没有黑点、花点、发黏、变色、破碎等情况；散剂、粉剂、原料药、预粉剂外观应颗粒均匀、干燥疏松、色泽一致，无吸潮结块、发黏、霉变等情况；水针剂外观应澄清，无变色、浑浊、生菌、结晶等情况；粉针剂外观不能出现变色、结块、变质、粘瓶等情况，否则不能使用。

二、合理使用兽药

（一）坚持预防为主、治疗为辅的原则

应加强饲养管理，增强畜禽的非特异性抵抗力。要合理搭配饲料中的营养成分，提高畜禽抵抗力。要坚持全进全出、自繁自养等原则，控制因外来畜禽引起的畜禽疾病感染。

应制订科学的免疫程序，提高畜禽的特异性抵抗力。要结合实际情况，制订科学的免疫程序和具体的免疫计划，及时进行预防接种，以提高畜禽的特异性抵抗力，从而为预防畜禽疾病打下良好基础；同时还要进行预防性治疗，如定期给鸡驱虫等。

应做好疾病流行病学调查工作，开展经常性检疫工作。要定期开展针对畜禽疾病的检查、监督、监测、检疫等工作，为做好相应的防控措施提供依据。

应建立健全和严格执行兽医卫生防疫制度。要在遵守国家相应法律法规的同时，根据实际情况，建立健全兽医卫生防疫制度。例如：引进畜禽时应先进行隔离，出现可疑畜禽时应及时进行隔离观察，要科学治疗或淘汰患病畜禽。若养殖场周围发生畜禽疾病，尤其是传染性畜禽疾病时，要建立隔离带，以免引起本场畜禽的感染。

应做好消毒工作。要根据实际情况做好定期消毒和临时消毒，及时有效的消毒可杀灭病原微生物。

应做好兽医卫生监测。例如：肉用畜禽在屠宰前后必须进行兽医卫生检测，避免畜禽因携带人畜共患病原微生物而对人类健康和其他畜禽造成威胁。

（二）坚持对症下药

诊断是科学、有效治疗动物疾病的前提。在不明确病情的状态下盲目使用药品，不仅会使畜禽体内形成抗药性，还会影响后续药物的疗效。应该在有效、准确诊断畜禽病症的基础上，合理使用有关兽药。例如：生猪发热是一种正常的抗性生理现象，是生猪体内细胞对抗病毒时自发产生的保护性反应；遇此情况时，不应立即使用药物

给猪降温，而应继续观察病情的走向，如果猪的机体出现长期高温不退的情况，再及时、合理地采用物理降温或使用兽药进行药物治疗，以避免因高温不退造成的恶劣影响。生猪出现呕吐症状，可能是因为猪食用了对其肠胃有害或有刺激性的食物；遇此情况时，如果匆忙使用止吐类兽药，就可能会加重猪的症状；只有当猪出现频繁、长时间、不间断的呕吐现象时，才应该及时使用止吐类药物治疗，同时增加猪的水分及电解质的摄入，保证治疗效果的最大化。

发病动物的病理变化、患病症状存在差异性，有些疾病会呈现隐性症状，这给诊断带来了一定难度。为此，可以根据疾病症状、流行病学情况和病理剖析情况等，结合实验室检测方法，保证诊断结果的准确性；同时，严禁乱用、滥用药物，以免造成不良后果。例如：不重视分析病情，盲目使用抗生素，不仅无法控制疾病的传播和发展，还会导致大量药物残留在动物体内。要正确诊断，坚持对症下药。例如：可以选择头孢类、氟喹诺酮类药物治疗鸡白痢、大肠杆菌类疾病；选择左旋咪唑、阿苯达唑等药物治疗寄生虫病。此外，还要兼顾药物的副作用。例如：氨丙啉可能会引起动物机体缺乏维生素 B_1，使用氨丙啉时，要在饲料中补充适量维生素 B_1。

（三）坚持合理剂量

兽药使用量直接影响畜禽产品质量安全。通常药物被机体吸收后，达到有效浓度时才能发挥治疗疾病的作用。部分兽药的法定使用剂量是按照畜禽的每千克体重测算出来的。在安全范围内，药理效应随着用药剂量或浓度的增加而逐渐增强。但用药剂量过大、超出有效浓度范围时，不仅会增加养殖成本，还会加重畜禽病情或加快其死亡。与此相反，如果用药量不足、达不到有效浓度时，则容易造成病原微生物产生抗药性，使治疗效果不佳或无效。例如：畜禽病情有所好转就停止用药或减少用药量，就会导致其疾病反复，错过最佳治疗时期，造成更大损失。因此，应根据畜禽血液中药物有效浓度的持续时间，合理安排药物的使用次数、剂量及疗程等。此外，有些药物的剂量不同，药理作用也不同，要根据实际情况，合理掌握药物的剂量。

（四）坚持合理疗程

疗程指的是用药物治疗的全过程，即具体动物身上发生具体疾病时，保证其完全康复所需要使用的药物剂量、每天治疗次数和连续治疗天数。通常根据疾病急缓确定疗程的长短。因为病原体生长、繁殖有一定的过程，过短的疗程只能暂时抑制病原体，却不能将其根本消灭，一旦停止用药，受到抑制的病原体就会继续生长、繁殖，令患病动物出现更严重的症状。一般在症状消失之后即可停止用药，但如果动物患的是某些传染性疾病，即使其病症消失，仍需继续施用一段时间的药物，以巩固治疗效果。在治疗某些慢性病时，需长期用药，以减少不良反应。此外，给药时间也会对药效产生影响，给药时间可根据药效发生作用的时间、动物的耐受能力，以及药物的性质、药物的吸收情况、药物对胃的刺激情况等方面确定。

（五）坚持采用正确的给药途径和操作技能

给药途径是指给动物用药的方式，如喂服、静脉注射、肌肉注射。通常采取喂服药物方式治疗动物消化道疾病，采用肌肉注射药物方式治疗动物机体炎症。但不容易被消化道吸收的药物（如某些抗生素）不宜喂服；苦味，刺激性味道、刺激性气味较重的药物，对于一些味觉和嗅觉发达的动物（如猪）来说不宜喂服，这会令它们不愿吃下；刺激性较大的药液不宜肌肉注射；等等。此外给畜禽用药还有外涂、滴鼻点眼等方式。如果给药途径不当，会导致给药量不足或超量，直接影响药物治疗或预防效果。

操作技能也会直接影响药物治疗或预防的效果。例如：在防疫时，给鸡点眼之后随即放鸡，疫苗就有可能被鸡从眼中甩出。在药物注射时，漏液或注射部位不正确，如打飞针或注入脂肪，也无法达到理想的效果。此外，应根据药物及其停药期的不同，在畜禽出栏或屠宰前及时停药，避免药物残留。

（六）坚持科学配伍

在具体医疗实践中，当一种药物疗效不佳时，常采用两种或两种以上药物配伍使用，以达到提高药效、降低或避免毒副作用、降低和延缓耐药病株产生的目的。但并不是所有药物都适宜配伍应用，有些配伍会使药物作用减弱，导致治疗无效；有些配伍会使药物副作用或毒性增强，引起不良反应；还有些配伍会使疗效过度增强，超出受药对象的机体耐受力，引起严重不良反应。凡不宜配合应用的情况均称为配伍禁忌。物理性配伍禁忌是指，因某些药物配伍后会产生分离、液化、沉淀或潮解等物理变化，所以不能配伍使用。例如：活性炭等有强大表面活性的物质与小剂量抗生素配合时，抗生素就会被活性炭吸附在消化道内，不能再充分释放出来。化学性配伍禁忌是指，因某些药物配伍后会产生分解、沉淀、中和或生成毒物等化学反应，所以不能配伍使用。例如：碳酸氢钠注射液与氯化钙注射液合用，会产生碳酸钙沉淀，影响疗效。因此，应避免配伍禁忌处方，从而保证处方制剂的高度稳定性和有效性，更合理地发挥药物应有的疗效。

三、兽药安全使用保障措施

（一）提高养殖人员专业知识和职业道德

规模较小的养殖户大多缺乏甚至毫无动物疾病预防诊治方面的专业知识，常误用劣质兽药或假兽药。还有一些养殖户，为了追求所谓的促生产或预防疾病的效果，常故意过量或违法使用兽药。应进一步加强食品安全宣传，提高养殖人员对兽药残留危害的认知，改变他们以往"无药不养殖"的观念，比如：定期开展专业知识培训，让养殖人员掌握畜禽养殖过程中常见疾病的预防和治疗方法，遵守"预防为主、治疗为辅"的准则，合理用药，注意休药期；以案为警，提高养殖人员辨别真假兽药的能力，引导养殖人员对症用药并尽可能使用无公害、无残留的药物制剂。

（二）健全法制监管体系，完善责任追究制度

近年来，农业农村部相继制定完善了《动物性食品中兽药最高残留限量》《兽药管理条例》《饲料和饲料添加剂管理条例》等有关行业条例，进一步从行业法规或准则方面严格管控兽药的生产、使用。相关职能部门应建立健全兽药生产、销售和使用等环节的法制监管体系；监管人员应提升业务能力，依法依规贯彻落实各项监管措施，定期定点开展兽药生产、销售环节的质量抽查；应强化检测机构和执法部门的检打联动，多管齐下；应建立处方和非处方药分类管理制度，针对抽查不合格、滥用违禁药物、制假销假等情况加大惩罚力度，如责令其停产停业、取消其从业资格、追究其法律责任；等等。

（三）加强兽药残留监测体系建设

应关注动物性食品中兽药残留，逐步完善检测手段和监测体系。从中央到地方应加大畜禽产品兽药残留监测力度，构建严格健全的抽样检测体系，提高兽药残留检测和监测能力，做到监控区域市场全覆盖。应建立兽药残留风险评估体系，将对人体健康危害大、在国内外产生严重问题的兽药列入重点监管名单；成立专业监测人才队伍，根据动物性食品消费情况制定监测周期，开展重点地区、重点领域、重点品种的专项排查行动；引进现代化检测设备，采用取样和抽样检测等多元化检测手段，保障食品卫生安全。

（四）积极研发新型兽药

要从根源上解决动物性食品中的兽药残留问题，需要积极研发新型兽药。国家应出台相关的奖惩政策，提高兽药生产企业或从业人员科研创新的积极性。生产企业应加大药物研发资金投入，鼓励与高校或科研机构进行产学研合作，开发高效、无残留、无公害的新型兽药或药物添加剂，如中草药、微生态制剂、酶制剂等添加剂，逐步减少或停止生产传统的高残留药物。科研技术单位应根据动物防疫部门提供的兽药残留相关数据，通过毒理学、药理学试验，进一步优化兽药配方，研究新型兽药代谢途径、最大允许量、用药周期、休药期和残留控制标准等，指导养殖人员科学合理使用兽药。

▪▫ 任务三 科学使用化学肥料 ▫▪

应根据土壤状况、植物特性、气候条件及肥料性质等因素，科学施用化学肥料，提高农产品产量和品质。

一、根据土壤状况施肥

土壤状况是施用肥料的重要依据，要根据土壤的性质和肥力，确定施用肥料的种类及施肥量。

（一）沙土

沙土质地疏松，通气透水性能好，保水力差；温度变幅大，属于"热性土"；养分含量低，保肥力弱，施肥见效快。在沙土施肥时，宜施用牛粪、猪粪等冷性肥料，施肥深度宜深不宜浅，用半腐熟有机肥或腐殖酸性肥料可延长肥效。在沙土追施化肥时，一是要少量多次施肥，满足农作物不同生长期对养分的需求，避免产生"烧根"现象；二是要以施速效肥料为主，以便农作物快速吸收；三是要采用沟施或穴施等方式，避免不必要的肥料流失；四是要掺土施肥，保全养分，改良土壤性状。

（二）黏土

黏土质地紧密，通气透水性能差，保水力强；温度变幅小，属于"冷性土"；养分含量高，保肥力强，肥效持续时间长。在黏土施肥时，宜施用马粪、羊粪等热性肥料，施肥深度宜浅不宜深，所施肥料必须充分腐熟，最好结合施用生物肥料。在黏土追施化肥时应当提早，一次也可多施，后期忌施过量氮肥，以防农作物贪青迟熟。此外，应勤于松土，改善土壤通气性。

（三）壤土

壤土兼有沙土和黏土的优点，水、肥、气、热状况协调，适宜各类农作物生长。在壤土施肥时，短效肥与长效肥可结合施用，为农作物不同生长期提供充足养分；微量肥料与大量肥料可结合施用，以满足农作物生长对各类养分的需求；有机肥与化肥可结合施用，以培肥土壤；氮、磷、钾等肥料可结合施用，以实现互相增效。

二、根据农作物种类施肥

不同农作物所需的养分种类、养分数量和养分提供时间均有所差异。例如：小麦、水稻、玉米等禾本科作物对氮素肥料需求较多，应以施用氮肥为主，配施磷、钾肥；豆科作物能与其根部的根瘤菌共生固氮，一般不需要施用氮肥，应以施磷肥为主；甜菜、土豆、甘薯等淀粉和糖料作物对钾、磷肥需求量大，特别是钾肥，可显著提高甜菜含糖量和土豆、甘薯淀粉含量。一般情况下，生长期短的作物需肥量少，生长期长的作物需肥量大，深根系作物需肥量大，浅根系作物需肥量少。

三、根据农作物生长阶段施肥

农作物需肥具有阶段性和长期性。

农作物在种子萌发到成熟的各阶段所吸收的营养元素的种类、数量和比例各不相同，这便形成了农作物营养需要的阶段性。农作物吸收营养元素是不间断进行的，其规律是种子发育期不需要从外界吸收营养元素；生长初期吸收营养元素的种类、数量较少；随着生长时间的推移，吸收营养元素的种类、数量逐渐增加；到成熟期，吸收营养元素的量会慢慢减少直至停止吸收。这便形成了农作物营养需要的长期性。在农作物吸收养分的过程中，有两个关键时期，即营养最大效率期和营养临界期。农作物吸收营养最大效率期是指农作物需要养分绝对数量最多、吸引速度最快、吸收率最高、增效最显著的时期；农作物吸收营养临界期是指农作物对某种养分需要的绝对数量不多，但需求很迫切的时期，此时如果该养分供应量不能满足农作物要求，会使其生长发育受到很大影响，而且以后很难弥补损失。

在生产实践中，为了满足农作物各生长期对养分的需求，需要重视基肥、种肥与追肥的施用。

基肥是指在农作物播种或定植前（多年生农作物在生长季末或生长季初），结合土壤耕作施用的肥料。它主要供给植物生长期所需的基础养分，培肥地力，改良土壤环境，为农作物生长发育创造良好的土壤条件。用作基肥的肥料主要是有机肥和在土壤中移动性小或发挥肥效较慢的化肥，如磷肥、钾肥和一些微量元素肥料。在施用基肥时，提倡有机肥料与化学肥料相互配合，长效性肥料与速效性肥料相互配合，提供不同养分的肥料相互配合。

种肥是指在播种或移栽时，施于种子附近或与种子混播的，供给农作物生长初期所需养分的肥料。种肥直接与种子接触，用肥量较少，可增加农作物根系周围速效养分的浓度，有利于农作物壮苗、早发；也可弥补农作物种子胚乳贮藏少的缺陷，提高农作物产量。例如：谷苗长到3叶后，其胚乳养分就已消耗完，种肥可继续为其提供养分。因为种肥与种子相距较近，所以浓度过大、过酸、过碱以及含有毒物质、易产生高温的肥料，不宜用作种肥。种肥应选用少量腐熟有机肥、生物菌肥或速效性化肥。

追肥是指在植物生长期间，为补充和调节植物营养而施用的肥料。追肥主要用于补充基肥的不足和满足植物中后期的营养需求。追肥一般选择在农作物营养临界期和最大效率期施用，可根据农作物生长的不同时期所表现出来的元素缺乏症对症选择追肥。追肥的施用要综合考虑土壤状况、植物长势等情况，一般多以施用速效性化肥为主，大多情况是以补充氮素为主；对于多次采收产品的农作物，应追施复混肥料。

四、根据气候条件施肥

气温、降雨量等气候条件不仅直接影响植物对养分的吸收，影响土壤中水、肥、温度的状态和土壤微生物的繁殖及活动，还与有机肥分解、腐殖质形成关系密切。可根据气候情况科学施肥，提高施肥效率，降低肥料投入成本。例如：高温季节养分容易分解，可施尚未腐熟的有机肥，化肥应深施，防止挥发；低温季节应施完全腐熟的有机肥，化肥应施在农作物根群附近并覆土；冬季持续干旱时，应施磷、钾含量较高的复合肥；进入雨季时，如果偏施氮肥，会使氮肥流失，促使农作物旺长，导致倒伏，还会诱发病虫害，造成减产；进入伏期，如果在暴雨来临之前往棉田撒施尿素，雨后乍晴会使棉花萎蔫、枯死；高温干旱时，油菜容易缺硼，大白菜、萝卜等蔬菜容易缺钙，应注意硼肥和钙肥的使用；在多雨季节，土壤中的有效铁容易流失，果树常出现缺铁症，应注意补铁。

五、根据肥料特性施肥

（一）氮肥

1. 铵态氮肥

碳酸氢铵肥易溶于水，属于化学碱性肥料，化学性质不稳定，当温度升高到30摄氏度或湿度增加时会发生分解并释放出氨气，造成氮素损失，所以又被称为"气肥"。碳酸氢铵肥适用于各种农作物和土壤，可用作基肥、追肥，不宜用作种肥。碳酸氢铵肥无论施在哪种土壤上都应深施覆土，且不能与碱性物质混合；施用时遵循"一不离土、二不离水"的原则。

硫酸铵肥属于生理酸性肥料，适宜用作基肥、追肥和种肥，适用于各种农作物。施用时，不宜在同一块土地上长期单独施用，否则会使土壤酸化；不能与其他碱性肥料或碱性物质接触或混合施用，以防降低肥效；不适于在酸性土壤上施用。

氯化铵肥属于生理酸性肥料，适宜用作基肥、追肥，不宜用作种肥。忌氯作物，如甘薯、烟草、葡萄等不宜施用，稻田可长期施用。

2. 硝态氮肥

硝态氮肥水溶液呈弱酸性，适用于各种农作物和土壤，尤其适用于烟草，对烟草的可燃性有良好的影响。硝酸铵肥不宜用在水田，否则会因反硝化作用而导致肥效差；施于旱田时宜用作追肥，不宜用作基肥和种肥；施用时不宜与有机肥混合施用，应采用沟施、穴施，施后应立即覆土。

3. 酰胺态氮肥

酰胺态氮肥属于生理中性肥料，施入土壤后，只有在转化成碳酸铵或碳酸氢铵后才能被农作物大量吸收利用，因此肥效较慢，一般要提前4—6天施用。酰胺态氮肥养分含量较高，适用于各种土壤和农作物，最宜用作追肥，特别是根外追肥，不宜用作种肥。酰胺态氮肥在旱地施用时，要深施覆土；在水浇地上用作追肥时，可撒施后立即浇水，使肥料处在湿润的土层中，以利于肥料转化；在水田施用时，应在灌水前施入并深施，施后不要立即灌水，以防氮素淋至深层而降低肥效。

（二）磷肥

1. 水溶性磷肥

过磷酸钙水溶液呈酸性，在潮湿条件下易吸湿结块，腐蚀性很强，可用作基肥、追肥、种肥，应采用沟施、穴施且要分层施用（2/3 用作基肥深施，1/3 用作种肥施于表层）。将过磷酸钙肥制成颗粒状，与腐熟的堆肥或厩肥混用，可提高肥效。

重过磷酸钙肥易溶于水，呈酸性，吸湿性强，易结块，但比过磷酸钙肥稳定，施用方法同过磷酸钙肥。

2. 弱酸溶性磷肥

弱酸溶性磷肥中的钙镁磷肥是多元肥料，宜用作基肥和种肥；用作基肥时要早施，应采用沟施或穴施。钙镁磷肥宜施用于喜钙作物、缺磷土壤、酸性土壤，与有机肥混合施用可提高肥效；颗粒越细小肥效越好。

3. 难溶性磷肥

难溶性磷肥中的磷矿粉，宜施于酸性、缺磷土壤，宜施于油菜、萝卜、荞麦及豆科作物、生长期长的果树、牧草等，与酸性肥料、有机肥混合施用肥效好。

（三）钾肥

1. 氯化钾肥

氯化钾肥易溶于水，属于化学中性、生理酸性肥料。氯对提高纤维含量和质量有良好的作用，因此氯化钾肥宜施于棉花、麻类等纤维作物；对于忌氯作物，如马铃薯、烟草、甘薯、茶树等不宜施用。可用作基肥、追肥，不宜用作种肥。在酸性和中性土壤用作基肥时，应与磷矿粉、有机肥、石灰等配合施用，一方面防止酸化，另一方面促进磷矿粉中磷的有效利用。

2. 草木灰

草木灰成分很复杂，不含氮素，含有各种灰分元素，如钙、钾、磷、镁、硫、铁、硅和其他微量元素等，其中钙、钾较多，磷次之。草木灰中含有各种钾盐，以碳酸钾为主，其次是硫酸钾和氯化钾，三者均为水溶性钾。草木灰属于速效性钾肥，可被植物直接吸收利用，不能与铵态氮肥、腐熟的有机肥料混合施用。可用作基肥、追肥、盖种肥。用作基肥时，可沟施或穴施，沟或穴深度10 厘米左右，施后盖土；用作追肥时，可在叶面撒施；用作盖种肥时，大都用于水稻、蔬菜育秧。

任务四　饲料安全使用技术

一、严格控制饲料原料质量

（一）合理选用原料

饲料原料的选用要坚持质优价廉、货源稳定、运输方便的原则。能量饲料以玉米为主，辅以小麦、次粉或麸皮等。蛋白质原料以豆粕、膨化大豆为主，辅以鱼粉、棉粕和菜粕等。矿物质原料主要有磷酸氢钙、石粉、微矿（铜、铁、锌、锰）等。氨基酸类原料选用迪高沙、大成等的产品均可。选用饲料原料时，要选择正规企业的产品，最好能够实地考察。

（二）原料质量检验

可采取感官检验、化验检测等方式辨别饲料原料质量。一是感官检验。通过用鼻子嗅，判断气味是否异常，如：新鲜的麸皮有淡淡的芳香味；反之，则没有，甚至有臭味。通过用手摸、捏，判断水分情况及有无发热结块现象，如：安全水分内的豆粕用手抓时散落性好，水分过高的豆粕用手抓则感觉发滞。通过用牙咬，判断硬度和性状，如：质量好的玉米越吃越甜，霉玉米咀嚼时味苦。通过用眼睛观察，判断色泽与形状是否正常，如：掺有滑石粉的白粉特别白、特别细。二是化验检测。企业不得盲目购进和使用不能确定质量安全的原料或成品料。企业应对原料或成品料的水分、钙、磷、粗蛋白、霉菌毒素、氨基酸、维生素、违禁物质等指标进行检测；无法自行检测的项目，可委托第三方机构检测。

（三）注意事项

避免购买和使用存在掺假、虫蛀、结块、发霉变质、毒素污染等质量问题的原料及饲料；控制购买和使用高水分、高杂质的原料及饲料；购买和使用添加剂时，要查验产品生产许可证号和产品批准文号；严格遵循国家关于饲料安全的法律法规，严禁使用违禁药物和添加剂；注意妥善保存原料，做好通风、防潮、防雨淋、防日晒、防虫蛀、防鼠害等仓储工作，指定专人负责，切实落实责任；各类原料要分类整齐堆码，做到有间距、有标识，防止混淆；亚硒酸钠等药物添加剂，应严格隔离并单独存放，以防引发安全事故。

二、科学设计饲料配方

饲料配方的设计应综合考虑饲料的物理性、营养性、安全性、市场性、经济性、实用性。

（一）物理性

必须根据动物消化、吸收等的生理特点，设计硬度适宜、体积适宜、适口性强的饲料。饲料的适口性会直接影响动物的采食效果，如：饲料体积过大，会影响动物对营养物质的消化和吸收。

（二）营养性

必须根据科学标准确立饲料的各种营养指标。应根据动物的种类、年龄、体重、用途、生理状况及生活环境设计相应饲料，使配方中的营养物质比例合理，从而使饲料具备较高的营养价值和利用率，满足动物生长各阶段对营养成分的需要。

（三）安全性

饲料的安全性直接影响养殖效果。饲料中不应含有对人及所饲养动物的健康与生产性能造成实际危害的有毒、有害物质或因素；以防这类有毒、有害物质或因素伤害动物或通过在畜产品中残留、蓄积和转移而危害人体健康。

（四）市场性

配方设计必须明确产品的定位。例如：对地方品种鸡和散养户，可设计较低档配方，对外来良种和规模养鸡场则可设计高中档配方。当市场饲料原料价格低廉而鸡产品售价较高时，应设计高档配方，以追求较好的饲养效果和较优的饲料转化率；当市场饲料原料价格坚挺而鸡产品售价走低时，应设计较低档配方，实现低成本饲养。另外，饲料配方的设计还要注意同类竞争产品的特点。

（五）经济性

饲料配方设计在追求畜禽产品高质量的同时还要考虑经济效益与社会效益，既要符合营养要求，又要尽可能降低成本，以追求最大收益。例如：在养鸡的开支中，饲料费用占整个成本的75%—80%，所以在追求饲料高质量的同时，应合理安排饲料加工工艺流程，减少劳动力消耗，以降低饲料加工成本。此外，在设计饲料配方时，要综合考虑产品与环境的影响，尽量减少动物废弃物中氮、磷、药物等对生态环境的不利影响。

（六）实用性

在选用原料的种类、质量稳定程度、价格及数量上，配方都应与具体条件相匹配，以符合养殖需求。这不是用理论计算营养标准就能实现的，必须经过科学、严格的劳动实践来反复求证。同时，饲料主要原料的选用应因地制宜，尽量做到原料来源丰富，并尽可能发挥当地资源优势。

▪▪ 任务五　农膜污染防治措施 ▪▪

一、优化耕作制度，推广适期揭膜技术

应系统深入地了解覆膜对土壤环境和农作物生长的影响，从农作物种类、品种，光照、积温、降雨量、土壤墒情、栽培模式，地膜购买、铺设、回收成本等多方面探讨覆膜栽培的适宜条件，完善不同条件下不同农作物的地膜覆盖栽培技术，规范应用地膜。

可通过倒茬轮作制度，适度降低农作物对农膜的依赖，进而减轻残膜污染危害。例如：采用粮棉、油粮、菜棉轮作倒茬，可减少农膜单位面积平均覆盖率。

适期揭膜技术是指，把农作物收获后揭膜改为收获前揭膜，根据农作物种类和所在区域等条件，确立最佳揭膜时间和揭膜方式。应在农膜完成其功能且又未老化破损之前进行揭膜回收，以提高农膜回收率。例如：新疆在棉花头水前揭膜，此时农膜还未老化破损，回收率可达90%以上；山西在玉米出苗后45天揭膜，也大幅度提高了农

膜回收率。具体的揭膜时间最好选在雨后初晴或早晨土壤湿润时。

二、农膜回收再利用技术

应采取人工和机械相结合的回收方式，提高残膜回收率。例如：通过手工或耙子回收残膜，也可利用农膜回收机在翻地、平整土地时及播种前或收获后回收残膜。

（一）提高地膜质量，利于回收利用

应加强技术规范和市场监管，从生产和销售源头上把控好地膜的质量，以便于回收。日本、韩国、美国、欧洲国家和南美洲国家使用的地膜主要以高厚度（≥0.02毫米）、高强度为主，使用后不易破碎，回收效率高。我国市场上生产流通的普通聚乙烯地膜质量差异很大。20世纪90年代我国制定的地膜国家标准（GB 13735—92）中规定，地膜标称厚度为0.008（±0.003）毫米。但在实际生产中，为了降低成本，大部分地膜的厚度都没有达到标准，0.005毫米以下的超薄地膜随处可见。超薄地膜强度低，使用过程中非常容易破碎，常常与土壤、秸秆混杂在一起，给回收工作带来了极大困难。为规范生产、引导使用、提高质量和促进回收，参考国际相关标准，2017年我国发布的《聚乙烯吹塑农用地面覆盖薄膜》（GB 13735—2017）将地膜最低厚度提高到0.01毫米（负极限偏差为0.002毫米）。

为提高地膜回收率，应积极推广0.01毫米以上的标准地膜，探索以旧换新、政府引导等各类适合当地情况的新国标地膜落实机制，打击不合格地膜的生产和销售，让农民真正认识到使用超薄地膜的危害和使用标准地膜的好处，主动使用标准地膜。

（二）加强残膜回收机具的研究、利用

农田残膜的回收分人工捡拾和机械回收两种，目前我国主要以人工捡拾为主。系统普查结果表明，国内90%的残膜回收是通过人工捡拾完成的。但从全国范围看，大多数农民对废弃地膜的捡拾积极性不高，总体效率低。应加强对残膜回收机具的研发，在规模经营主体中加大适宜性残膜回收机具的推广，以提高残膜回收率。

我国对残膜回收机具的研究始于20世纪80年代，重点围绕起膜、收膜、脱膜、集膜等关键部件及膜杂分离部件等进行。根据地域特点和各地农业技术等的不同，我国研究的残膜回收机具也多种多样，有基于种植农作物类型研究的机具，如玉米田地膜回收机、马铃薯田地膜回收机、棉田地膜回收机等；有基于农艺作用时间研究的机具，如苗期地膜回收机、秋后残膜回收机、播前残膜回收机等；有基于关键收膜部件研究的机具，如搂耙式地膜回收机、滚筒式地膜回收机等；有基于地域特点研究的机具，如山地地膜回收机、西北旱作农业区IFM-110型地膜回收机等。目前市场上出售的残膜回收机主要有两种：搂耙式残膜回收机和筛铲式残膜回收机。搂耙式残膜回收机结构简单、造价低、操作容易，但工作时只能收集地表和浅层农田的大块地膜，拾净率低，膜杂分离难度大；筛铲式残膜回收机在收集残膜的同时对农田进行了整地和翻土，

作业功能集成度高；但由于要对土壤进行筛分，工作效率低，功率大，工作过程中扬尘多，工作环境恶劣。就全国范围而言，我国残膜机械回收整体效率比较低，只有西北地区，特别是新疆、甘肃和内蒙古等，地膜回收的机械化程度相对较高。

（三）拓宽回收地膜再利用途径

回收地膜的处理方式一般是丢弃、焚烧填埋或交给回收加工企业再利用。根据抽样调查，我国80%左右的回收地膜被丢弃、焚烧或填埋，只有20%左右能得到再利用。再利用方式一般是：废旧地膜回收加工企业将回收的地膜清洗粉碎后，通过热熔等方式加工生产再生塑料颗粒，用再生塑料颗粒生产铝塑板、聚乙烯管材、塑料制品或土工材料等深加工产品。但由于人工捡拾和机械化回收工作效率不高，常常导致回收加工企业原料供应不足，无法满足实际生产需要，从而影响回收加工企业的生存。此外，企业的回收地膜再利用生产虽有国家补贴，但整体效益不高，净化回收地膜的过程中产生新污染带来的环保压力也对企业造成了一定的困扰。这些都影响到了企业的回收积极性，进而影响到了回收地膜的再利用效率。

三、传统地膜替代产品的研究

农用地膜因为难降解而成为白色污染，研发易降解、无污染的地膜替代产品是防治白色污染的关键。我国现在研发的地膜替代产品有秸秆、纸地膜、液态地膜、保水剂、生物降解地膜等。

生物降解地膜是一类在自然条件下可为微生物作用而降解的塑料地膜。微生物侵蚀这类地膜后，其细胞的增长会使聚合物水解、电离或质子化，从而分裂成低聚物碎片，然后再被分解或氧化降解成水溶性碎片，再生成新的小分子化合物，最终分解成二氧化碳和水，因而不会对环境造成危害。全国有多家企业和研究机构一直在开展相关工作，已研发生产出多种生物降解地膜产品。如：根据降解原理和破坏形式不同，有完全生物降解地膜和添加型可生物降解地膜。相比传统聚乙烯地膜，生物降解地膜既可以基本满足农作物生长发育的需求，又可以解决地膜残留造成的环境危害，目前在棉花、玉米、马铃薯、小麦等农作物种植上都有了较好的应用效果，并基本形成了与之相匹配的农艺技术。

要加强对地膜替代产品的研发，尤其是对生物降解地膜原材料、配方、工艺和技术等方面的研究，以提高生物降解地膜的质量，降低其成本，提升其实际应用效果，要先在小规模、高价值的经营主体中加大适宜性生物降解地膜的使用。

评价反馈

（一）知识点检测

1. 农药残留及其对农产品安全性的影响。

2. 兽药残留及其对农产品安全性的影响。

3. 农产品中的生物性污染的内容。

4. 致病性细菌污染对农产品的影响。

5. 举例说明农药合理使用技术。

6. 举例说明兽药残留控制方法。

7. 举例说明化肥合理使用技术。

8. 参考标准要求，调研附近生产基地环境质量现状。

（1）依据所学知识，选一种你熟悉的农产品（蔬菜、水果、粮食作物、畜牧产品等），制定一套生产技术规范。

（2）参考标准要求，调研分析农药对农产品质量的影响。

（3）通过网络资源调查本地农产品生产过程中存在的问题和环境状况，制定相应的解决方案，写一份调研报告。

9. 通过自学、讨论和调研，谈谈你的收获。

（二）小组评价

从学习态度、学习方法、团队合作和学习能力的提升等方面评价。

评价项目	评价情况
与其他同学口头交流学习内容是否流畅	
是否尊重他人	
学习态度是否积极主动	
是否服从教师的教学安排	
能否正确理解有关概念和内涵	
是否掌握质量安全标准的学习使用方法	
能否结合本单位生产实践制定所需标准一览表	
能否结合生产实践认识总结体系建设现状	
是否有工作岗位责任心	
是否遵守学习场所的规章制度	
团队学习中主动与合作的情况如何	

（三）综合评价

1. 教师评价

（1）对整个学习内容的小结归纳

（2）对学生学习过程的总体评价

2. 学生评价

（1）对教师授课效果的评价

（2）对自己学习效果的评价

模块三　农产品质量安全认证

学习目标

1. 掌握农产品认证认可的概念和分类；
2. 了解农产品认证认可体系发展历程及现状；
3. 掌握农产品认证相关标准、认证过程及标志管理。

工作任务

农产品生产和加工企业希望通过产品认证提升产品质量和企业知名度。让企业管理人员和职工了解农产品认证标准和认可制度；对职工进行农产品认证标准相关理论及技术要点培训，让职工牢记农产品认证标准要求，能按标准进行生产技术操作，能按认证要求进行销售和产品认证宣传，了解农产品质量认证的意义和重要性，认识农产品认证对提高企业知名度的作用。

法律/政策导航

中央网信办、农业农村部、国家发展改革委、工业和信息化部联合印发《2024年数字乡村发展工作要点》（以下简称《工作要点》），要求以信息化驱动引领农业农村现代化，促进农业高质高效、乡村宜居宜业、农民富裕富足，为加快建设网络强国、农业强国提供坚实支撑。

《工作要点》部署了9个方面28项重点任务。一是筑牢数字乡村发展底座。包括提升农村网络基础设施供给能力，加大农村基础设施改造升级力度，加快推进涉农数据资源集成共享。二是以数字化守牢"两条底线"。包括强化确保粮食安全数字化支撑，强化防止返贫监测和帮扶举措。三是大力推进智慧农业发展。包括加强农业科技创新与应用推广，提升农业全产业链数字化水平，以数字技术深化农业社会化服务。四是激发县域数字经济新活力。包括加快推进农村电商高质量发展，多措并举推动农文旅融合发展，释放涉农数据要素乘数效应，运用数字技术促进农民增收。五是推动乡村数字文化振兴。包括加快乡村文化文物资源数字化，丰富乡村公共文化服务数字供给。六是健全乡村数字治理体系。包括稳步推进农村"三务"信息化建设，提升农村社会治理数字化效能，增强农村智慧应急管理能力。七是深化乡村数字普惠服务。包括着力提升乡村教育数字化水平，持续推进乡村数字健康发展，增强农村数字普惠金融服务实效，加强农村特殊人群信息服务保障。八是加快建设智慧美丽乡村。包括加强农村人居环境整治数字化应用，提升农村生态环境保护监管效能。九是统筹推进数字乡村建设。包括加强跨部门跨层级协调联动，健全多元化投入保障机制，培养壮大乡村数字人才队伍，推进重点领域标准化建设，讲好新时代数字乡村故事。

《工作要点》明确，到2024年底，数字乡村建设取得实质性进展。数字技术保障国家粮食安全、巩固拓展脱贫攻坚成果更加有力。农村宽带接入用户数超过2亿，农村地区互联网普及率提升2个百分点，农产品电商网络零售额突破6 300亿元，农业生产信息化率进一步提升，培育一批既懂农业农村、又懂数字技术的实用型人才，打造一批示范性强、带动性广的数字化应用场景，抓好办成一批线上线下联动、群众可感可及的实事。

项目一　认识农产品质量安全认证

任务一　认证制度

一、认证与认可

认证是指由认证机构证明产品、服务、管理体系符合相关技术规范、相关技术规范的强制性要求或者标准的合格评定活动。

认证起源于市场经济贸易活动和政府法规的要求。随着市场经济体制的成熟及标准化水平的提高，认证已经成为市场经济体制的有机组成部分，认证制度已经成为政府对市场经济进行宏观管理的重要手段。随着质量认证工作不断发展，认证已从单一的产品认证拓展到了管理体系认证、服务认证、人员认证等多个种类。

认可是指由认可机构对认证机构、检查机构、实验室以及从事评审、审核等认证活动人员的能力和执业资格，予以承认的合格评定活动。

从民间自发认证走向政府利用认证制度来规范市场，认证工作的发展经历了一个多世纪。认可是认证的必然产物，从属于认证，又为认证提供了更广阔的发展空间。认证认可都是依据一定标准和技术法规开展的合格评定活动，但二者针对的对象不同，认证的对象是产品、服务和管理体系，认可的对象是认证机构、检查机构、实验室和认证培训机构以及从事审核、评审等认证活动的人员。

认证认可是国家质量技术保障领域的一项基础工作，也是各国推进质量管理的一项国际通行做法，在质量提升工作中发挥着重要的作用。

二、认证的分类

按工作对象不同，认证可分为体系认证和产品认证两大类。

体系认证是指企业通过第三方机构对企业的管理体系或产品进行第三方评价，如：目前国际通行的危害分析和关键控制点（HACCP）体系认证、良好农业规范（GAP）认证、食品良好生产规范（食品 GMP）认证、食品安全管理体系（ISO 22000）认证等。

产品认证是由可以充分信任的第三方证实某一产品或服务符合特定标准或其他技术规范的活动，如：有机产品认证等。

按照所依据标准的性质，认证可分为强制性认证和自愿性认证。自愿性认证是指对未列入国家认证目录的产品的认证，是企业或其他组织根据其本身或其顾客、相关方的要求自愿申请的认证。企业认证的目的各不相同，有的就是为了提高质量管理水平、提高产品质量，有的则是为了在出口时获得免检待遇，还有的是为了自己的产品能在国内外市场上得到认同。如：我国的有机产品认证和绿色食品认证等。

强制性认证是指各国政府为保护广大消费者人身和动植物生命健康安全、保护环境、保护国家安全，依照法律法规实施的一种合格评定；它要求产品或管理体系必须符合相关的国家标准和技术法规。如：中国强制性产品认证，又名中国强制认证（简称为"3C"标志认证）。强制性认证包括强制性产品认证和强制性管理体系认证。我国制定了强制性认证目录和相关强制性认证实施规则，由政府主管部门指定第三方认证机构对列入目录中的产品或管理体系实施强制性检测和审核，并规定：如列入目录内的产品或管理体系未获得指定的第三方认证机构的认证证书，或未按规定使用认证标志，则该企业相关产品不得销售、进口和使用。

强制性认证制度在推动各种技术法规和标准的贯彻、规范市场经济秩序、促进产品的质量管理水平和保护消费者权益等方面发挥着重要的作用，被世界大多数国家广泛应用到了农产品质量安全管理领域。强制性认证的程序和自愿性认证基本相似，但在认证对象、认证依据、证明方式和制约作用等方面具有不同的特点。

三、认证认可原则

国家市场监督管理总局负责对包括质量体系认证、产品质量认证、审核员注册、实验室认可等在内的认证实行统一管理，其认证认可主要遵循以下原则：

（一）以国际指南为基础，同国际惯例接轨

我国认证工作起步晚，但起点高，发布的有关质量认证的法律、法规、规章都是以国际标准化组织（ISO）和国际电工委员会（IEC）联合发布的相关国际指南为基础制定的，符合世界贸易组织《技术性贸易壁垒协定》规定，并于1998年签署了国际互认协议。我国质量体系认证已达到国际水平，取得国际承认。

（二）坚持公正性

我国有关法律、法规、规章明确规定了认证机构的第三方公正地位，对任何企业申请认证都一视同仁地公平对待。

（三）国家对质量认证工作实施统一管理

《中华人民共和国认证认可条例》（以下简称《认证认可条例》）第四条规定："国家实行统一的认证认可监督管理制度。国家对认证认可工作实行在国务院认证认可监督管理部门统一管理、监督和综合协调下，各有关方面共同实施的工作机制。"

（四）自愿性认证和强制性管理相结合

凡符合国家标准或者行业标准的产品，企业可自愿申请认证。但国家对法律、法规和规章规定的"不经认证不得销售、进口和使用"的产品实行强制性管理。

任务二　农产品认证体系

我国农产品质量安全认证体系包括法律法规体系、认证制度体系、组织机构体系、质量安全标准体系、检验检测体系和监督管理体系六个部分。

一、法律法规体系

法律法规体系是农产品质量安全认证体系的有机组成部分，也是其运行的基础和基本保障，主要包括农产品质量安全认证方面的法律法规和行政规范性文件。目前国家已经颁布实施了《中华人民共和国标准化法》（以下简称《标准化法》）、《中华人民共和国产品质量法》（以下简称《产品质量法》）、《农产品质量安全法》、《中华人民共和国农业法》（以下简称《农业法》）、《中华人民共和国进出口商品检验法》（以下简称《进出口商品检验法》）、《中华人民共和国进出境动植物检疫法》（以下简称《进出境动植物检疫法》）、《中华人民共和国国境卫生检疫法》等法律和《认证认可条例》《食品安全管理体系认证实施规则》《有机产品认证管理办法》《有机产品认证实施规则》《认证机构管理办法》等关于农产品质量安全认证认可的行政法规。

二、实施体系

农产品质量安全认证实施体系是指，由强制性认证和自愿性认证、产品认证和体系认证等各种类型认证，以一定的结构组成的一个国家的农产品质量安全认证实施架构。各类型认证的认证程序、认证模式、规范要求和管理规则等要素相互联系，相互作用，决定着农产品质量安全认证实施体系目的的实现和功能的发挥。我国农产品认证以产品认证为重点，以体系认证为补充。

（一）组织机构体系

组织机构体系是指，为实现农产品质量安全认证的功能和目标，由若干社会单位有序组合起来的有机整体，一般包括认证管理机构、认证从业机构和认证对象三个基本要素，是农产品质量安全认证实施体系的主体。我国农产品质量安全认证的管理机构主要由中国国家认证认可监督管理委员会（简称国家认监委）和农业农村部两大系统组成。国家认监委授权认可机构对认证机构、检测检查机构和认证人员的能力实施认可与注册及后续的监督，确保合格评定实施的有效性。国家认监委履行行政管理职能，统一管理、监督和综合协调全国认证认可工作。认可机构是技术保障组织，遵照国际上通行的认可准则和国家认监委的有关规定，履行国家认可职能。

（二）标准体系

标准体系以实现农产品从农田到餐桌全程质量安全管理和提高农产品市场竞争力为目标，由基础标准、技术标准和管理标准三个子系统组成，包括农产品质量安全标准相配套的产地环境、农业投入品、生产技术规范、物流（如保险、包装、标识、储运等）、检验方法等标准，是按内在联系缔结而成的相互联系、相互依存的有机整体，是农产品质量安全认证体系赖以运行的依据。农产品质量安全认证实施的标准体系包括种植业、畜牧业、渔业等行业发展所需的技术标准，包括基础标准、资源与生态环境保护标准、农业投入品标准、生产操作规程、产品标准、包装贮运标准和方法标准等。

（三）检验检测体系

检验检测体系是指，按照国家法律法规规定，依据国家标准、行业标准要求，以先进的仪器设备为手段，以可靠的实验环境为保障，对农产品生产和农产品质量安全实施科学、公正的监测、鉴定、评价的技术保障体系；包括质检部门、卫生部门、环保部门、轻工部门和粮食部门等部门的质检系统。目前，我国已基本建立起了部、省、县三级配套、互为补充、常规检验与快速检验相结合的农产品质量安全检验检测体系，检测机构主要以农业行业系统内管理部门的检测机构、科研院所的检测机构组成，其他相关系统的检测机构做相应补充。

（四）监督管理体系

监督管理体系一般由行政监管、认可监管、认证监管、行业自律监管和社会舆论监督组成，是农产品质量安全认证规范实施的保障。行政监管为农产品质量安全认证提供良好的市场环境，政府监管机构由国家认监委和农业农村部两大系统组成；认可监管保证认证实施主体符合从业标准要求，表现为认可机构对农产品认证机构、检测机构、咨询机构的监管；认证监管即认证机构对本机构认证人员、本机构所认证的企业的监管；行业自律监管促进行业自我约束机制的建立，协调行业关系，表现为组织同行评议和自查自纠；社会舆论监督，主要是群众参与监督、发挥各种舆论和媒体的作用。

任务三　农产品认证发展现状

农产品是食品的主要来源，食品中的危害因素主要来自农产品的生产、加工和储运过程。为提高农产品质量，保障食品安全，许多国家在农产品领域引入了质量认证的管理理念，把农产品认证作为提高农产品质量安全水平和降低政府管理成本的有效措施。世界上大多数国家制定了相应的法律法规，建立了全面的食品安全质量管理体系和相应的市场准入制度，采取了多种管理手段保障食品安全，在此基础上发展起来的农产品质量安全管理体系和认证制度也日趋完善。

一、农产品认证发展历程

自 1903 年英国工程标准协会（BSI）推出"风筝"标志认证以来，国际认证认可的发展已经历了 100 多年的历程。认证认可制度发源于工业革命时代，是工业文明的产物，是现代管理科技和管理文化的结晶。认证认可制度的广泛应用，是工业化大生产对质量控制和安全保障的需要，是国际贸易发展对完善贸易规则的需要，是市场经济运行对完善信用体系的需要。

认证是指由认证机构证明产品、服务、管理体系符合相关技术规范、相关技术规范的强制性要求或者标准的合格评定活动。认证通常分为产品、服务和管理体系认证。例如产品认证包括："3C"标志认证是强制性产品认证，有机产品认证是自愿性产品认证。体系认证包括：以 ISO 9001 标准为依据的质量管理体系认证，以 ISO 14001 标准为依据的环境管理体系认证，以 GB/T 28001 标准为依据的职业健康安全管理体系认证，ISO 22000 食品安全管理体系认证、HACCP 认证等。服务认证有商品售后服务评价体系认证、体育服务认证等。

农产品质量安全认证源自早先进行的工业产品认证，它是农产品市场化发展的产物。相当长时间内，对农产品质量安全认证的研究主要集中在有机食品认证方面。有机认证在发达国家起步相对较早，20世纪60年代英国土壤协会就出台了相关有机认证标准。联合国粮食及农业组织（FAO）和世界卫生组织（WHO）联合成立的国际食品法典委员会（CAC）于1999年通过的《有机食品的生产、加工、标签和销售导则》，标志着联合国框架内有机认证标准和规定的出台。各国政府也依据其国内有机农业的发展状况，不断对其行业标准和管理规定进行修订和完善，为促进有机农业的发展奠定了基础。有机农产品认证大致经历了四个发展阶段：

第一个阶段是第二次世界大战结束至20世纪70年代初。工业化、集中化和化学化是20世纪40年代美国农业发展的三大重要特征，随之而来的是复合肥、杀虫剂等化学制剂的广泛应用。一些追求有机农业生产方式的农场主自发组合，形成区域性的社团组织或协会等民间团体，自行制定规则或标准指导有机农业生产，推行人工厩肥等有机肥料，在优化土壤结构的同时获得了显著、稳定的肥效。此时便产生了一些专业民间认证机构，它们对自愿接受认证的农场进行评审，认定其生产方式是否符合有机农业生产要求，并对来源于有机农业的农产品进行标识。早在1967年，英国土壤协会就制定了该协会的有机农业标准。1973年成立的美国加州有机认证农民协会也为有机食品制定了标准。

第二个阶段是20世纪70年代中期至80年代后期。随着一批洲际性和区域性有机农业组织的建立，特别是1972年美国、英国、法国、瑞典等共同成立的国际有机农业运动联盟（IFOAM），国际性的民间组织开始制定世界范围的非政府性有机农业基本标准。1980年，IFOAM制定并首次发布了有机农业基本标准。该标准每两年修订一次，已成为许多民间机构和公共机构在制定他们自己的规则或法规时的主要依据。这一阶段还出现了其他一些农业特别栽培方式的农产品认证，如日本、韩国的减农药、减肥料栽培农产品认证等。20世纪80年代后期，美国、日本、澳大利亚及欧洲多国纷纷对农产品认证开展立法、制定标准、设立政府监管机构、规范认证操作、推行官方认证标志等工作。典型的有法国的农产品标志认证。

第三个阶段是20世纪90年代至21世纪初。此阶段，美国、日本、澳大利亚及欧洲多国政府纷纷对有机农业和有机农产品认证立法、制定标准、设立政府监管机构、出台了多项规定，规范了有机农业生产和有机农产品认证各环节。1990年，美国制定了《有机食品产品法案1990》，对有机食品的生产程序、国家标准、国家认证程序等做了规定。2000年，美国统一了全国有机农产品生产、运输、加工等环节的标准。2000年12月21日，美国制定了《有机农业条例》，于2001年4月21日试行、2002年10月21日正式施行。该条例对有机农产品的定义、适用性、有机农作物等进行了详细界定，列出了有机农产品中允许和禁止使用的物质，有力地促进了新鲜有机食品和有机加工食品在美国国内和国际市场的发展。该条例是强制性的，根据条例要求，所有出口到美国的有机农产品必须接受美国农业部认可的认证机构的检查和认证。有机农产品认证的标准化为有机农业及有机农产品认证的发展奠定了坚实的基础。与此同时，欧盟的有机农业条例 EEC 2092/91 及其修改条款、日本有机农业标准（JAS）等有机农业标准也陆续形成。

第四个阶段是 21 世纪初至今。此阶段是农产品认证的迅速发展阶段。进入 21 世纪以来，人们对农产品质量安全的关注开始从最终产品合格延伸到种植养殖环节的规范、安全、可靠，积极推崇和要求推行农产品质量安全从农场到餐桌全过程控制。随后在农产品生产过程中出现了如良好农业规范（GAP）、良好生产规范（GMP）、危害分析和关键控制点（HACCP）体系、食品质量安全体系（SOF）、田间食品安全体系（On–Farm）等生产管理和控制体系及相应的体系认证。此阶段，有机农业认证也有了迅猛的发展，美国、欧盟、日本等建立起了有机农产品统一认证体系并出台了相应的补贴政策。

二、国外农产品认证发展现状

如今，世界农产品生产国和贸易国制定了专门的法律法规，对农产品质量安全和认证进行管理。例如：英国的食品安全法，美国的联邦食品、药品和化妆品法，加拿大的食品和药品法，等等。这些法律对农产品的产地环境、生产过程、包装标识、食品质量标准，以及禁止生产、销售不符合消费安全要求的食品和相关产品的质量安全认证等做出了明确规定，直接或间接地对质量安全和认证实施进行法制监管。下面从自愿性认证和强制性认证两个方面介绍一下国外农产品认证发展状况。

自愿性认证是为了满足国内外消费者的需求或进口国对农产品法规要求，提高农产品的市场竞争能力，主要包括有机食品、公平贸易、安格斯牛肉和俄克拉荷马制造等认证。有机食品认证是目前最为普遍的自愿性农产品认证。公平贸易（Fair Trade）认证涉及社会责任，拥有其标识表示该商品是在不用童工、保护环境和价格公平的条件下生产与提供的。公平贸易认证是国际公平贸易标识组织（FLO）推出的，旨在帮助农民在出售农产品时可以得到合理的价格。美国公平贸易产品认证机构（TFUSA）一直从事咖啡认证，从 2002 年开始开展茶叶认证。

强制性认证是为了满足各方面对农产品质量安全以及员工健康、动物福利等方面的要求，在农产品生产、加工和流通领域实施的强制性认证；比较典型的有食品 GMP、HACCP 和 GAP 认证。食品 GMP 是保证食品具有高度安全性的良好生产管理体系，基本内容是从原料到成品全过程中各个环节的卫生条件和操作规程。食品 GMP 是从药品

GMP 发展起来的。美国在 1969 年公布了《食品制造、加工、包装储存的现行规范》，开创了食品 GMP 的新纪元。目前，美国在婴儿食品、熏鱼、低酸性罐头食品、酸性食品、冻结原虾、瓶装饮用水、辐射食品等领域实施强制性 GMP 认证。HACCP 是一个以保证食品安全为基础的关于食品安全生产、质量控制的保证体系，是由美国 Pillsbury 公司在美国国家航空和宇宙航行局（NASA）、美国陆军 Natick 实验室、美国太空实验室计划组的合作和参与下发起的。1973 年，美国食品药品管理局（FDA）采纳 HAC-CP，并将其作为制定低酸性罐头食品法规的基础。目前，美国已经在水产品企业、禽肉食品生产企业、果汁行业等实施 HACCP 体系认证。GAP 是良好农业操作规范，它主要针对未加工或经简单加工（生的）出售给消费者或加工企业的大多数果蔬的种植、采收、清洗、摆放、包装和运输过程中进行常见微生物危害的控制，其关注的是新鲜果蔬的生产和包装，但并非局限于农场，而是包含从农田到餐桌的整个食品供应链的所有步骤。2013 年，美国发布了强制性的良好农业规范。美国良好农业规范主要针对未经深加工直接出售给消费者的果蔬以及美国家庭农场果蔬种植、清洗、加工、包装等过程中的微生物控制，包括对水、肥料、工人健康和卫生、田间卫生、卫生设施、包装设备、运输和追溯性的要求等。

三、我国农产品认证发展现状

我国的农产品质量安全认证起步晚，但通过借鉴国际通行的认证模式，结合我国现阶段农业发展水平、农业结构特点及农产品质量安全现状，已构建了适合我国国情的农产品质量认证体系。

我国农产品质量安全认证是在我国农业走向市场化、国际化的背景下产生的，始于 20 世纪 90 年代初农业部实施的绿色食品认证。20 世纪 90 年代后期，国内一些机构引入国外有机食品标准，实施了有机食品认证。2001 年，为全面提高农产品的质量安全水平，农业部提出了无公害农产品的概念，并组织实施了"无公害食品行动计划"，基本实现了从农田到餐桌的全过程管理。农产品质量安全认证在我国蓬勃发展，各项建设不断完善。无公害农产品、绿色食品、有机食品和农产品地理标志四大认证构成了我国农产品认证的基本框架。随着认证领域和范围的不断发展，ISO 22000、HACCP、GAP 等管理体系认证在我国也逐渐形成规模。目前，我国形成了产品认证为主、体系认证为补充的农产品认证体系。随着时代的发展和产品质量的大幅度提升，无公害农产品认证已于 2022 年退出历史舞台，现在在全国范围内广泛推行的是食用农产品承诺达标合格证制度。

四、我国农产品认证面临的挑战

农产品认证是推动我国农业生产发展的手段之一，我们应结合国家农业产业政策，不断完善和补充新的法律法规内容，促进政府对农业生产及农田基本建设的投入；应理顺产业结构，加大对基层农业技术管理人员的业务素质培训，提高其业务管理水平，使之成为贯彻与发展农产品认证的中坚骨干力量。我国的农产品认证制度对农业生产提出了较高的要求，促进了农业产业化的转变和农业龙头企业的发展，对我国农产品质量安全水平的提升具有积极推动作用。但是我国农业发展水平有限，农产品认证起步较晚，农产品认证既借鉴了国际通行的认证模式，又顾及我国现阶段农业发展水平、农业结构特点及农产品质量安全现状，构建了适合我国国情的农产品质量认证体系。但与发达国家相比，我国农产品认证依然面临较多的挑战。

（一）农业结构特点限制农产品认证的发展

我国农业发展的基础条件较差，农业结构分散、生产个体多且规模小等，使认证不能产生规模效益。我国农业产业化龙头企业的构建以"公司＋农户"或"公司＋基地"的形式为主，其组织管理较为松散，管理水平参差不齐，管理和管控能力较弱，难以发挥集约化生产的优越性；同时，农产品的生产者和经营者受教育水平较低、科技素质较低、安全意识薄弱，不能进行科学有效的种植生产，参与农产品认证的可能性较低。

（二）农产品认证市场规模有待提高

我国认证农产品所占市场份额较低，农产品认证总量较小、品种单一；许多认证产品与非认证产品价格相差不大，使得认证产品带来的经济效益没有达到预期水平。认证企业应当强化认证对生产管理水平和产品市场竞争力的作用，注重认证标识的使用和认证产品品牌的打造，提高通过市场竞争推动农产品质量安全认证的潜力。提高公众对认证产品的购买参与度和对认证的认知水平，大力推广认证产品。

（三）生产者自愿参与农产品认证的动力不足

与国外农产品强制性认证不同，我国农产品认证多属于自愿性认证，即便存在部分强制性认证项目也多属于合格性认证，且这部分强制性认证也因种植养殖户分散生产、分散经营比例大和国家认证客件条件有限而覆盖率不高。在市场经济条件下，生产者自觉自愿参与认证需要有充足的动力。我国的《无公害农产品管理办法》和《有机产品认证管理办法》等都对农产品的生产环境、生产过程及技术要求做了严格的规定。为了保障食品的安全，绿色食品和有机食品在生产过程中有着严格的药物使用限制。按照国家的标准，自愿采取质量安全保障措施，将会增加生产成本，影响生产者的短期直接收益，所以生产者对此参与度不高、参与动力不足。但当生产者的自愿保障措施不仅能够使得产品质量提升，而且得到消费者认可，同时政府为了鼓励农产品认证，加大对认证产品的补贴，使得自愿采取保障措施所得到的收益明显大于所付出的成本时，生产者自愿参与认证的积极性就会提高。

（四）农产品认证执业人员水平有待提高

认证人才对于认证工作的有效性具有关键性、根基性作用，是认证工作的战略性支撑因素。认证工作专业性较强，完成这项工作需要接受高等教育和高级专门培训，需要付出大量复杂的智力劳动。这种专业性一方面表现为执业人员需要具备专门的认证知识、技能和经验；另一方面表现为执业人员还拥有认证对象所在行业的专业知识和专业积累。我国农产品认证起步晚，专业技术人员缺乏，对执业人员的要求与国际认证行业所规定的标准尚有差距，农产品认证人才队伍专业化能力有待提高。同时，认证机构本身的资质参差不齐，不能对执业人员提供足够的专业培训，认证能力不足，不能全面满足认证要求，使认证有效性得不到充分保障。因此加强农产品认证市场准入制度，重视认证人才队伍建设，提高公众对农产品认证的参与意识和应用程度，是我国农产品认证发展的关键。

项目二 明确优质农产品标准与认证

任务一 食用农产品承诺达标合格证

我国农产品认证是从无到有、逐渐规范、快速发展起来的。目前，我国已形成定位准确、结构合理、符合新时代农业发展要求的农产品认证体系。

一、简介

食用农产品承诺达标合格证（以下简称合格证）是生产主体对其生产、销售的食用农产品的质量安全进行的一项自我承诺。合格证，既是上市农产品的"身份证"，也是生产者的"承诺书"，更是质量合格的"新名片"。从合格证制度概念的提出到试点试行再到全国推广实施，经历约 10 年的时间。新修订的《农产品质量安全法》对农产品生产者开具、收购者收取保存和再次开具、批发市场查验合格证做出了具体规定，并明确了各主体的法律责任，进一步保障了合格证制度在农产品质量安全工作中的长期性、基础性地位。

2014 年，农业部、国家食品药品监督管理总局联合发文，要求共同建立以质量合格为核心内容的准出准入管理衔接机制，推行合格证管理。2016 年，根据《农产品质量安全法》及农业部和国家食品药品监督管理总局联合下发的《关于加强食用农产品质量安全监督管理工作的意见》的有关要求，农业部决定在部分省份先行开展主要食用农产品合格证管理试点工作。2019 年 12 月 18 日，农业农村部印发《全国试行食用农产品合格证制度实施方案》；12 月 27 日，召开全国试行食用农产品合格证制度工作部署视频会议。2020 年，全国范围内开始试行食用农产品合格证制度。2021 年 11 月，农业农村部印发通知，要求加大合格证制度试行力度，根据前期实施情况调整了合格证参考样式和名称，将合格证名称由"食用农产品合格证"调整为"承诺达标合格证"。同时，把合格证制度推行情况作为各级政府食品安全考核的重要内容。从概念提出到六省试点，再到全国试行，合格证制度已基本形成了一套相对可行、可复制的模式。

随着我国农业进入高质量发展新阶段，无公害农产品制度实施的内外部形势和要求发生了深刻变化，目标定位滞后、市场导向不突出、推动手段不足等问题逐步显现。2018 年，农业农村部启动无公害农产品认证制度改革，下放审批职责，这为加快推进无公害农产品认证制度改革，避免在无公害农产品认证工作停止后出现监管"真空"，在全国推行食用农产品合格证制度，构建以合格证管理为核心的农产品质量安全监管新模式，为全面停止无公害农产品认证奠定了基础。新修订的《农产品质量安全法》于 2023 年 1 月 1 日起实施，标志着无公害农产品认证正式退出历史舞台。

二、概念解析

合格证，指的是食用农产品生产者根据国家法律法规、农产品质量安全国家强制性标准，在严格执行现有农产品质量安全控制要求的基础上，对所销售的食用农产品自行开具并出具的质量安全合格承诺证。

合格证制度，是农产品种植养殖生产者自我质量控制、自我管理、自我承诺农产品安全合格上市的一种新型农产品质量安全治理制度。

合格证制度通过借鉴工业产品生产理念，强化了农产品生产经营者的主体责任。在此制度下，农产品生产经营者将农产品由产地第一次带入市场时须主动出具合格证，由市场经营者查验留存、监管部门监管核查，变为要求生产主体和其后的销售主体从"产出来"一侧加强质量安全内部控制和诚信自律，努力生产出更多安全、合格的农产品，也让问题农产品做到了来源可溯、去向可追、责任可查。

实施合格证制度是加强农产品质量安全全程监管、贯彻落实中央部署的具体举措，是农产品种植养殖生产者在自我管理、自控自检的基础上自我承诺农产品安全合格上市的一种新型农产品质量安全治理制度。合格证作为农产品产供销的信息载体，是解决全程监管难点、打通全程监管链条的重要创新，是督促种植养殖生产者落实主体责任、提高农产品质量安全意识的重要方法。

三、特点

（一）强调质量安全达标

达标即生产过程落实质量安全控制措施、附带承诺达标合格证的上市农产品符合食品安全国家标准。新版合格证将旧版合格证承诺内容中的"遵守农药安全间隔期、兽药休药期规定"修改为"常规农药兽药残留不超标"，更重视质量安全达标。

（二）突出承诺定位

新版合格证将承诺内容放在承诺达标合格证最上端，生产者及农产品信息放在后面，进一步明确了承诺对象是当事人"生产销售的食用农产品"，合格证质量承诺的定位更加突出。

（三）增加承诺依据

在新版合格证中增加了可勾选的委托检测、自我检测、内部质量控制、自我承诺四项承诺依据。生产主体开具承诺达标合格证时，根据实际情况勾选一项或多项。

合格证采用二维码标识样式的，扫码后应能够突出显示合格证有关内容。合格证可与农产品质量安全追溯标签、农产品质量标志等整合展示。将合格证和追溯码两证合一，消费者可通过扫描合格证上的二维码查看该产品生产销售全过程的记录，为实现食用农产品从产地到餐桌全过程监管、全过程溯源提供了简单、高效和低成本的方式。经过多年的摸索完善和创新，目前已形成一套成熟的制度，从法律依据、政府管理，到生产、经营、运输环节，以及生产经营者主体责任落实上都有了质的提升。

四、作用

合格证制度是新修订的《农产品质量安全法》的一项重要制度创新，它对农产品生产者开具合格证、收购者收取保存生产者的合格证和再次销售时再次开具合格证、批发市场查验合格证做出了具体规定。合格证制度不仅是一项转变农产品监管方式的重要制度创新，而且在推动农产品质量安全治理能力现代化的进程中发挥着重要作用。

（一）主体责任更加明确

长期以来，我国农产品生产、收购及上市销售缺乏许可，处于"默认合格证"的状态。合格证制度则落实了种植养殖生产者农产品质量安全第一责任人责任，建立了生产者自我质量控制、自我开具合格证和自我质量安全承诺机制。农产品生产者、产地收购者、屠宰厂（场）应当根据国家法律法规、相关标准，执行现有的食用农产品质量安全控制要求，承诺提供的食用农产品符合农兽药残留食品安全国家标准、不使用非法添加物，并对其销售的食用农产品的质量安全及合格证的真实性负责。

（二）基层监管任务更加明确

近年来，我国农产品质量安全监管制度逐步健全，基本建立了以风险监测、评估预警、巡查执法和应急处置为主要手段的制度体系。但是，针对量大面广的散户和家庭农场，以及掌控农产品收储运环节的收购主体，我国目前还没有特别有效的制度安排。这要求我们必须加快监管方式由终端监管向全过程监管转变，构建更科学、高效的监管体系。开具合格证易操作、低成本，为农产品质量安全全过程监管提供了有效手段。

（三）部门间工作衔接更加顺畅

按照部门职责划分，农业农村部门负责农产品种植、养殖到进入批发、零售市场或生产加工企业前的质量安全监管，市场监管部门承担进入批发、零售市场或生产加工企业后的监管职责。2014年，农业部、国家食品药品监督管理总局联合发文，要求共同建立以质量合格为核心内容的准出准入管理衔接机制。合格证制度的建立，实现全域追踪溯源，是提高产地准出、市场准入机制的有力抓手。

（四）农产品标示标准更加规范

长期以来，消费者选购农产品的主要依据只有传统的外观品相判断；一些农产品被比喻为"披头散发、赤身裸体、没名没姓、来路不明"，品牌同名化、类似化、空洞化，消费者认同度、市场美誉度不高。合格证提供了标准规范的信息格式，标注了农产品的品种、来源和联系方式等重要信息。以对接市场为切入点，把合格证作为名优农产品进入市场销售的"入场券"，为消费者提供选购绿色、安全农产品的途径，将有力强化公众认知和社会参与，促进全民共治农产品质量安全格局的形成，全面提升农产品质量安全综合监管效能。

各地农业农村部门要督促指导农产品生产企业、农民专业合作社开具承诺达标合格证，鼓励支持农户开具承诺达标合格证，并将合格证开具、验证等纳入农产品质量安全信用评定，不断提高达标合格农产品的可信度，把达标合格农产品打造为普遍认可的品牌农产品。

五、开具要求

《农产品质量安全法》第三十九条规定，农产品生产企业、农民专业合作社应当执行法律、法规的规定和国家有关强制性标准，保证其销售的农产品符合农产品质量安全标准，并根据质量安全控制、检测结果等开具承诺达标合格证，承诺不使用禁用的农药、兽药及其他化合物且使用的常规农药、兽药残留不超标等。鼓励和支持农户销售农产品时开具承诺达标合格证。

从事农产品收购的单位或者个人应当按照规定收取、保存承诺达标合格证或者其他质量安全合格证明，对其收购的农产品进行混装或者分装后销售的，应当按照规定开具承诺达标合格证。

合格证开具要求包括以下几个方面。

（一）基本样式

全国统一合格证基本样式，大小尺寸各地可自定，但内容应至少包含：产品名称、数量（重量）、产地；种植养殖生产者信息［名称（姓名）、联系方式］、合格证开具日期、承诺声明、承诺依据等。若开展自检或委托检测的，也可以在合格证上标示检测信息。鼓励有条件的主体附带电子合格证、追溯二维码等。

承诺达标合格证

我承诺对生产销售的食用农产品：

☐ 不使用禁用农药兽药、停用兽药和非法添加物

☐ 常规农药兽药残留不超标

☐ 对承诺的真实性负责

承诺依据：

☐ 委托检测   ☐ 自我检测

☐ 内部质量控制   ☐ 自我承诺

————————————————

产品名称：   数量(重量)：

产　　地：

生产者盖章或签名：

联系方式：

开具日期：   年   月   日

图 3.2 - 1　合格证基本样式

（二）承诺内容

种植养殖生产者承诺：不使用禁用农药兽药、停用兽药和非法添加物；常规农药兽药残留不超标；对承诺的真实性负责。

（三）开具方式

种植养殖生产者自行开具，每证都是一式两份，一份给交易对象，一份自己留存备查。

（四）开具单元

有包装的食用农产品应以包装为单元开具，张贴或悬挂或印刷在包装材料表面。散装食用农产品应以运输车辆或收购批次为单元，实行一车一证或一批一证，随附同车或同批次使用。

:▪: **任务二　绿色食品认证** :▪:

一、简介

绿色食品认证起源于欧美发达国家,其产生有着独特的国际背景。第二次世界大战结束后,发达国家在实现现代工业化的基础上,逐步实现了农业现代化。这一方面极大丰富了农作物的产量,满足了消费需求,另一方面也带来了许多负面影响。大量工业与农用化学物质的使用,令许多有害物质富集于土壤与水体中,这些有害物质直接或通过食物链导致食物污染,最终影响人体健康。为此,20 世纪 70 年代,限制化学物质过量投入以保护生态环境和提高农产品安全性的"有机农业"不断在全世界传播。1992 年,联合国在里约热内卢召开了环境与发展大会,号召各国从农业着手,积极探索可持续发展的模式。在这样的国际背景下,我国于 1992 年正式成立了中国绿色食品发展中心,负责全国绿色食品开发与管理。经过 30 多年的发展,我国建立了较为完备的绿色食品标准体系与认证管理体系,得到了国内与国际市场的认可。

2022 年,我国绿色食品销售额已达 5 397.57 亿元;绿色食品获证企业总数已达25 928 个;绿色食品获证产品总数已达 55 482 个,其中农林及加工绿色食品产品数44 963个、畜禽类绿色食品产品数 1 988 个、水产类绿色食品产品数 668 个、饮品类绿色食品产品数 6 149 个、其他绿色食品产品数 1 714 个。如今,我国消费者对绿色食品的需求已经从单一的农产品扩展到更广泛的食品类别,包括农作物、畜禽、水产、加工食品等。同时,消费者对绿色食品的品质、口感、营养价值等方面也提出了更高的要求。

随着社会经济的不断发展,我国绿色食品产业也在不断发展,其发展呈现出以下几个特点:

首先,生产技术在不断创新。无土栽培、精准施肥等技术的应用,使得绿色食品生产更加高效、环保和可持续。

其次,生产品牌化、标准化趋势明显。政府不断加强绿色食品的认证和监管工作,企业不断加强绿色食品品牌建设和标准化管理。

再次,产品销售渠道越来越多样化,包括线下零售、线上电商、直接供应给餐饮企业等。特别是线上电商的崛起,为绿色食品的销售提供了更广阔的市场空间。

最后,产业国际合作与交流进一步加强。我国政府和企业不断加强绿色食品生产、加工、销售等方面的国际合作与交流,与各国共同推动绿色食品产业的发展。

二、概念解析

绿色食品,是指产自优良生态环境、按照绿色食品标准生产、实行全程质量控制并获得绿色食品标志使用权的安全、优质食用农产品及相关产品。

绿色食品标准是应用科学技术原理，结合绿色食品生产实践，借鉴国内外相关标准所制定的，在绿色食品生产中必须遵守，在绿色食品质量认证时必须依据的技术性文件。

三、认证依据

绿色食品认证的法律法规基础有《农业法》《食品安全法》《农产品质量安全法》《认证认可条例》《认证违法行为处罚暂行规定》《认证及认证培训、咨询人员管理办法》《认证证书和认证标志管理办法》《绿色食品标志管理办法》。

绿色食品标准不是单一的产品标准，而是由一系列标准构成的、非常完善的标准体系。它由农业农村部中国绿色食品发展中心组织制定，现行有效标准 100 多项，分为 A 和 AA 级两个级别。A 级绿色食品的标准是参照发达国家食品卫生标准和国际食品法典委员会的标准制定的，要求产地环境质量评价项目的综合污染指数不超过 1，在生产加工过程中，允许限量、限品种、限时间地使用安全的人工合成农药、兽药、渔药、肥料、饲料及食品添加剂。AA 级绿色食品的标准是根据国际有机农业运动联盟有机产品的基本原则，参照有关国家有机食品认证的标准，再结合中国的实际情况而制定的，要求产地环境质量评价项目的单项污染指数不得超过 1，生产过程中不得使用任何人工合成的化学物质，且产品需要 3 年的过渡期。

绿色食品标准以从农田到餐桌全程质量控制理念为核心，由以下四个部分构成。

（一）产地环境标准

即《绿色食品　产地环境质量》（NY/T 391—2021）。标准规定了绿色食品产地的术语和定义、产地生态环境基本要求、隔离保护要求、产地环境质量通用要求、环境可持续发展要求。

产地生态环境基本要求包括以下内容：绿色食品生产应选择生态环境良好、无污染的地区，远离工矿区、公路铁路干线和生活区，避开污染源。产地应距离公路、铁路、生活区 50 米以上，距离工矿企业 1 千米以上。产地应远离污染源，配备切断有毒有害物进入产地的措施。产地不应受外来污染威胁，产地上风向和灌溉水上游不应有排放有毒有害物质的工矿企业，灌溉水源应是深井水或水库等清洁水源，不应使用污水或塘水等被污染的地表水；园地土壤不应是施用含有毒有害物质的工业废渣改良过土壤。应建立生物栖息地，保护基因多样性、物种多样性和生态系统多样性，以维持生态平衡。应保证产地具有可持续生产能力，不对环境或周边其他生物产生污染。利用上一年度产地区域空气质量数据，综合分析产区空气质量。

隔离保护要求包括以下内容：应在绿色食品和常规生产区域之间设置有效的缓冲带或物理屏障，以防止绿色食品产地受到污染。绿色食品产地应与常规生产区保持一定距离，或在两者之间设立物理屏障，或利用地表水、山岭分割等其他方法，两者交界处应有明显可识别的界标。绿色食品种植产地与常规生产区农田间建立缓冲隔离带，可在绿色食品种植区边缘5—10米处种植树木作为双重篱墙，隔离带宽度8米左右，隔离带种植缓冲作物。

产地环境质量通用要求规定空气质量、水质、土壤环境质量和食用菌栽培基质质量应符合标准相关要求。

环境可持续发展要求规定，应持续保持土壤地力水平，土壤肥力应维持在同一等级或不断提升。应通过合理施用投入品和环境保护措施，保持产地环境指标在同等水平或逐步递减。

（二）生产技术标准

绿色食品生产过程的控制是绿色食品质量控制的关键环节。绿色食品生产技术标准是绿色食品标准体系的核心，它包括绿色食品生产资料使用准则和绿色食品生产技术操作规程两部分。

绿色食品生产资料使用准则是对绿色食品生产过程中物质投入的一个原则性规定，包括生产绿色食品所用的农药、肥料、食品添加剂、饲料添加剂、兽药和水产养殖药的使用准则。它对允许、限制和禁止使用的生产资料种类及允许、限制使用的生产资料的使用方法、使用剂量、使用次数和休药期等做出了明确的规定。

绿色食品生产技术操作规程是以上述准则为依据，按农作物种类、畜牧种类和不同农业区域的生产特性分别制定的，用于指导绿色食品生产活动，规范绿色食品生产技术的规定，包括农产品种植、畜禽饲养、水产养殖和食品加工等技术操作规程。

绿色食品生产技术评价标准采用《绿色食品 添加剂使用准则》（NY/T 392—2023）、《绿色食品 农药使用准则》（NY/T393—2020）、《绿色食品 肥料使用准则》（NY/T 394—2023）及有关地区的《绿色食品 生产操作规程》的相应条款。

（三）产品标准

绿色食品规定了食品的外观品质、营养品质和卫生品质等内容，"绿色"体现在其卫生品质要求高于国家现行一般食品标准，主要表现在农药残留和重金属检测方面项目种类多、指标严。对绿色食品的安全卫生检测主要包括对六六六、滴滴涕、敌敌畏、乐果、对硫磷、马拉硫磷、杀螟硫磷、倍硫磷等有机农药的检测和对砷、汞、铅、镉、铬、铜、锡、锰等有害金属、添加剂的检测以及对细菌的检测三项指标，有些还增设了对黄曲霉毒素、硝酸盐、亚硝酸盐、溶剂残留、兽药残留等的检测。绿色食品加工的主要原料必须是来自绿色食品产地的、按绿色食品生产技术操作规程生产出来的产品。绿色食品产品标准反映了食品生产、管理和质量控制的先进水平，突出了产品无污染、安全的卫生品质。

A 级和 AA 级绿色食品生产采用农业农村部绿色食品产品生产行业标准（NY/T 268—95 至 NY/T 292—95 和 NY/T 418—437）。

（四）包装、储藏运输标准

绿色食品包装标准规定了进行绿色食品产品包装时应遵循的原则，如包装材料选用的范围、种类及包装上的标示内容等。它要求包装物从原料、制造、使用到回收或废弃的整个过程都应有利于食品安全和环境保护，体现在对包装材料的安全性、牢固性、节省资源能源、减少或避免废弃物产生、易回收循环利用、可降解等多方面的具体要求。

绿色食品标签标准除要求符合《食品安全国家标准预包装食品标签通则》外，还要求符合《中国绿色食品商标标志设计使用规范手册》规定，该手册对绿色食品的标准图形、标准字形、图形和字体的规范组合、标准色、广告用语以及产品包装标签上的规范应用均做了具体规定。

绿色食品储藏运输标准对绿色食品储运的条件、方法、时间做出了规定，以保证绿色食品在储运过程中不遭受污染、不改变品质，并有利于环保、节能。

四、标准解析

绿色食品是遵循可持续发展原则，按照特定生产方式生产，经专门机构认定许可使用绿色食品商标标志的无污染的安全、优质、营养类食品。绿色食品认证工作的运行方式：以质量标准为基础、以质量认证为形式、以商标管理为手段，提高对食品包括农产品质量的要求，使其质量达到发达国家相应水平。绿色食品已经成为代表我国农产品形象的国家品牌，它既突出了安全因素控制，又强调了优质与营养。绿色食品多用于满足较高层次的消费需求，其形态以初级农产品为基础、加工农产品为主体，其产出过程推行"两端监测、过程控制、质量认证、标志管理"的相关制度，其产出目的在于保护农业生态环境、增进消费者健康，其定位要高于无公害农产品。

绿色食品认证分为 A 级与 AA 级，AA 级要高于 A 级，两者的主要区别在于 A 级认证允许限量使用化学合成物，AA 级则要求通过施有机肥、进行农作物轮作等物理和生物手段代替传统施化肥、使用饲料添加剂等化学手段来保证农产品安全。AA 级绿色食品生产吸收了传统农艺技术和现代生物技术，对应的是有机食品；A 级绿色食品对应的是限制使用农药、化肥等化学合成物的可持续农业产品。AA 级绿色食品在现有绿色食品中只占到一成左右。

国家对通过认证所获得的绿色食品标志实行统一注册与管理，因此，绿色食品认证是一种将技术手段与法律手段相结合的评定活动。

五、认证流程

中国绿色食品发展中心依据《绿色食品标志管理办法》制定了绿色食品认证程序。

（一）认证申请

申请使用绿色食品标志的生产单位（以下简称申请人），应当具备下列条件：能够独立承担民事责任；具有绿色食品生产的环境条件和生产技术；具有完善的质量管理和质量保证体系；具有与生产规模相适应的生产技术人员和质量控制人员；具有稳定的生产基地；申请前三年内无质量安全事故和不良诚信记录。

申请使用绿色食品标志的产品，应当符合《食品安全法》和《农产品质量安全法》等法律法规规定，在国家知识产权局商标局核定的范围内，并具备下列条件：产品或产品原料产地环境符合绿色食品产地环境质量标准；农药、肥料、饲料、兽药等投入品使用符合绿色食品投入品使用准则；产品质量符合绿色食品产品质量标准；产品包装贮运符合绿色食品包装贮运标准。

申请人向中国绿色食品发展中心（以下简称国家中心）及其所在省（自治区、直辖市）绿色食品发展中心（或绿色食品办公室，二者合署办公，以下简称省绿办）领取《绿色食品标志使用申请书》《企业及生产情况调查表》及有关资料，或从绿色食品发展中心网站下载相关资料。

申请人填写并向所在省绿办递交《绿色食品标志使用申请书》《企业及生产情况调查表》及以下材料：保证执行绿色食品标准和规范的声明；生产操作规程（种植规程、养殖规程、加工规程）；对"基地＋农户"的质量控制体系（包括合同、基地图、基地和农户清单、管理制度）；产品执行标准；产品注册商标文本（复印件）；企业营业执照（复印件）；企业质量管理手册；要求提供的其他材料（通过体系认证的，要附体系认证证书复印件）。

（二）受理及文案审核

省绿办收到上述申请认证材料后，对其进行登记、编号，5个工作日内完成对申请认证材料的审查工作，并向申请人发出《文审意见通知单》，同时抄送国家中心认证处。

申请认证材料不齐全的，要求申请人收到《文审意见通知单》后10个工作日内提交补充材料。

申请认证材料不合格的，通知申请人本生产周期不再受理其申请。

申请认证材料合格的，执行现场检查、抽样。

（三）现场检查、抽样

省绿办应在《文审意见通知单》中明确现场检查计划，并在计划得到申请人确认后委派2名或2名以上检查员进行现场检查。

检查员根据《绿色食品检查员工作手册》（试行）和《绿色食品产地环境质量现状调查技术规范》（试行）中规定的有关项目进行逐项检查。每位检查员单独填写现场检查表和检查意见。现场检查和环境质量现状调查工作在 5 个工作日内完成，完成后 5 个工作日内向省绿办递交现场检查评估报告和环境质量现状调查报告及有关调查资料。

现场检查合格后，凡申请人提供了近一年内绿色食品定点产品监测机构出具的产品质量检测报告，且检测报告经检查员确认符合绿色食品产品检测项目和质量要求的，可免产品抽样检测。

现场检查合格且需要产品抽样检测的：

当时可以抽到适抽产品的，检查员依据《绿色食品产品抽样技术规范》进行产品抽样，并填写《绿色食品产品抽样单》，同时将抽样单抄送国家中心认证处，特殊产品（如动物性产品等）另行规定。当时无适抽产品的，检查员与申请人当场确定抽样计划，同时将抽样计划抄送国家中心认证处。抽样完成后，申请人须将样品、产品执行标准、《绿色食品产品抽样单》和检测费寄送绿色食品定点产品监测机构。

现场检查不合格的，不安排产品抽样。

（四）环境监测

绿色食品产地环境质量现状调查由检查员在现场检查时同步完成。

经调查确认，产地环境质量符合《绿色食品产地环境质量现状调查技术规范》（试行）规定的免测条件的，可免做环境监测。

根据《绿色食品产地环境质量现状调查技术规范》（试行）有关规定，经调查确认有必要进行环境监测的，省绿办自收到调查报告 2 个工作日内以书面形式通知绿色食品定点环境监测机构进行环境监测，同时将通知单抄送国家中心认证处。

定点环境监测机构收到通知单后 40 个工作日内出具环境监测报告，连同填写的《绿色食品环境监测情况表》直接报送国家中心认证处，同时抄送省绿办。

（五）产品检测

绿色食品定点产品监测机构自收到样品、产品执行标准、《绿色食品产品抽样单》、检测费后 20 个工作日内出具产品检测报告，连同填写的《绿色食品产品检测情况表》直接报送国家中心认证处，同时抄送省绿办。

（六）认证审核

省绿办收到检查员现场检查评估报告和环境质量现状调查报告后，3 个工作日内签署审查意见，并将认证申请材料、检查员现场检查评估报告、环境质量现状调查报告及省绿办绿色食品认证情况表等材料报送国家中心认证处。

国家中心认证处收到省绿办报送的申请程序材料、环境监测报告、产品检测报告及申请人直接寄送的《申请绿色食品认证基本情况调查表》后，进行登记、编号，在确认收到最后一份材料后 2 个工作日内下发受理通知书，书面通知申请人，并抄送省绿办。

国家中心认证处组织审查人员及有关专家对上述材料进行审核，20 个工作日内做出审核结论。

审核结论为"有疑问，需要现场检查"的，国家中心认证处在 2 个工作日内完成现场检查计划，书面通知申请人，并抄送省绿办；在得到申请人确认后，5 个工作日内派检查员再次进行现场检查。

审核结论为"材料不完整"或"需要补充说明"的，国家中心认证处向申请人发送《绿色食品认证审核通知单》，同时抄送省绿办。申请人须在 20 个工作日内将补充材料报送国家中心认证处，并抄送省绿办。

审核结论为"合格"或"不合格"的，国家中心认证处将认证材料、认证审核意见报送绿色食品评审委员会。

（七）认证评审

绿色食品评审委员会自收到认证材料、认证处审核意见后 10 个工作日内进行全面评审，并做出认证终审结论。

认证终审结论分为两种情况：认证合格、认证不合格。

结论为"认证合格"的，执行颁证。

结论为"认证不合格"的，评审委员会秘书处在做出终审结论 2 个工作日内将《认证结论通知单》发送申请人，并抄送省绿办。本生产周期不再受理其申请。

（八）颁证

国家中心在 5 个工作日内将办证的有关文件寄送"认证合格"的申请人，并抄送省绿办。申请人在 60 个工作日内与国家中心签订《绿色食品标志商标使用许可合同》。

国家中心主任签发证书。

六、证书及标志使用

绿色食品标志使用证书分中文、英文版本，具有同等效力。绿色食品标志使用证书有效期 3 年。证书有效期满，需要继续使用绿色食品标志的，标志使用人应当在有效期满 3 个月前向省绿办书面提出续展申请。省绿办应当在 40 个工作日内组织完成相关检查、检测及材料审核。初审合格的，由国家中心在 10 个工作日内做出是否准予续展的决定。准予续展的，国家中心与标志使用人续签绿色食品标志使用合同，颁发新的绿色食品标志使用证书并公告；不予续展的，国家中心书面通知标志使用人并告知理由。

图 3.2-2 绿色食品标志

标志使用人逾期未提出续展申请，或者申请续展未获通过的，不得继续使用绿色食品标志。

标志使用人在证书有效期内享有下列权利：在获证产品及其包装、标签、说明书

上使用绿色食品标志；在获证产品的广告宣传、展览展销等市场营销活动中使用绿色食品标志；在农产品生产基地建设，农业标准化生产、产业化经营，农产品市场营销等方面优先享受相关扶持政策。

标志使用人在证书有效期内应当履行下列义务：严格执行绿色食品生产标准，保持绿色食品产地环境和产品质量稳定可靠；遵守标志使用合同及相关规定，规范使用绿色食品标志；积极配合县级以上人民政府农业行政主管部门的监督检查及其所属绿色食品工作机构的跟踪检查。

知识拓展

种植产品申请材料清单	畜禽产品调查表	北方地区 绿色食品设施黄瓜生产操作规程

绿色食品 杏鲍菇生产操作规程	长江流域 绿色食品莲藕生产操作规程

相关网站

中国绿色食品网、中国绿色农业网、中国绿色食品信息网、中国绿色食品交易网等。

任务三　有机产品认证

一、简介

我国有机产品认证是应国际有机农业发展潮流，结合国情开展起来的。20 世纪 90 年代以后，可持续发展战略的实施得到全球广泛响应，可持续农业的地位也得以确立，有机农业作为可持续农业发展的一种实践模式和一支重要力量，进入了一个蓬勃发展的新时期，很多国家成立了有机食品管理机构、颁布了有机农业法律，政府与民间机构共同推动有机农业发展。就是在这一阶段，为顺应有机农业发展潮流，我国政府有关部门和一些民间机构开展了有机食品认证，并与国际有机农业运动联盟进行交流与合作，推动有机食品的发展。国家质检总局发布了《有机产品认证管理办法》、GB/T 19630《有机产品》、《有机产品认证实施规则》，中国有机产品认证进入了有法可依的快速发展阶段。

近年来，随着农业生产与环境质量的关系被日益重视，有机农业作为一种有益于自然环境质量维护的农业发展类型，受到越来越多的关注。全球有机农业在土地规模、生产经营主体数量和有机农产品种类总量方面均呈持续增长趋势。中国有机农业虽然起步晚，但发展迅速，目前在土地规模（有机认证土地面积）上已跃居世界前列。

发展有机农业，除了生产有机食品带给消费者健康外，还可以保护自然环境，保护生物多样性，促进农村发展和农民增收，是一种多赢方案。

目前，有机农业已在世界范围内广泛发展。据国家认监委统计，截至 2023 年底，我国共有 105 家认证机构经批准开展有机产品认证活动，共有 1.8 万家企业获得有机产品认证证书 2.9 万张。2023 年，我国有机产品销售额 870 多亿元，连续多年位列全球第四。按照中国有机产品标准生产的有机作物种植面积为 275.6 万公顷，有机作物总产量为 1 798.9 万吨；野生采集总生产面积为 200.4 万公顷；野生采集总产量为 92.8 万吨；有机畜禽及相关动物产品总产量为 239.3 万吨，有机水产品总产量为 55.6 万吨。

有机产品认证以健康、生态、公平、关爱为原则，尊重生态和经济规律，强调生态、经济和社会效益的优化和统一，是满足人民高品质生活和消费升级需要的重要手段，是推动农业由增产导向转向增产提质并举导向、带动乡村产业振兴的有效途径，是驱动乡村绿色发展、创新发展、可持续发展的技术支撑。

二、概念解析

GB/T 19630—2019《有机产品生产、加工、标识与管理体系要求》中对有机生产、有机加工和有机产品给出了明确的定义。

有机生产：遵照特定的生产原则，在生产中不采用基因工程获得的生物及其产物，不使用化学合成的农药、化肥、生长调节剂、饲料添加剂等物质，遵循自然规律和生态学原理，协调种植业和养殖业的平衡，保持生产体系持续稳定的一种农业生产方式。

有机加工：主要使用有机配料，加工过程中不采用基因工程获得的生物及其产物，尽可能减少使用化学合成的添加剂、加工助剂、染料等投入品，最大限度地保持产品的营养成分或原有属性的一种加工方式。

有机产品：有机生产、有机加工的供人类消费、动物食用的产品。（注：本标准中可在具体有机产品或产品类别名称前标注"有机",如有机种子、有机芽苗菜、有机配料等。)

有机产品是指来自有机农业生产体系,根据有机农业生产要求和相应标准生产加工,并且通过合法的、独立的有机产品认证机构认证的农副产品及其加工品。有机产品一定是非转基因的,其生产环境包括空气、水源、土壤都必须达到国家环保二级标准以上,在整个种植、养殖、加工过程中不能使用任何农药、化肥、生长激素、加工助剂等。

有机产品的涵盖面非常广,包括:有机食品,主要指可食用的初级农产品和加工食品,如粮食、蔬菜、水果、奶制品、畜禽产品、水产品、饮料和调料等;有机农业生产资料,如有机肥料、生物农药等;还有有机化妆品、纺织品、林产品;等等。

有机食品是指严格禁止使用农用化学品、基因工程产品,提倡用自然、生态平衡的方法从事生产和管理,并按照国际有机农业技术规范从事生产,所获得并通过认证的直接产品和加工制品。有机食品也叫生态食品,是国际上对无污染和纯天然食品的统一提法。有机食品并非化学成分上的"有机物食品",而是强调食物来源于良好的有机农业体系,因此从生产的角度讲,有机食品是真正来自自然、无污染的食品。

有机食品的主要特点:

第一,有机食品原料来自生态良好的有机农业生产体系或野生天然产品。

第二,有机食品在生产和加工过程中必须严格遵循有机产品生产、采集、加工、包装、贮藏、运输标准。不使用化学农药、化肥、化学防腐剂等合成物质,也不使用基因工程生物及其产物。

第三,有机食品在生产和加工过程中必须建立严格的质量管理体系、生产过程控制体系和追踪体系,因此其认证成功一般需要经过转换期,这个转换过程一般需要2—3年时间。

第四,有机食品必须通过合法的有机产品认证机构的认证。

因此,有机食品是一类真正来自自然、富营养、高品质和安全环保的生态食品。

三、认证依据

我国现行有机产品国家标准是 GB/T 19630—2019《有机产品生产、加工、标识与管理体系要求》,由国家市场监督管理总局、国家标准化管理委员会发布。2005 年,GB/T 19630—2005《有机产品》成为我国第一个正式的有机产品标准;2011 年,它进行了第一次修订,成为 2012 年实施的 GB/T 19630—2011;随着农业技术提升,2019 年它第二次修订,成为 2020 年 1 月 1 日起正式实施的 GB/T 19630—2019,内容包括:范围、规范性引用文件、术语和定义、生产、加工、标识和销售、管理体系。

最新标准涵盖植物生产、野生采集、食用菌栽培、畜禽养殖、水产养殖、蜜蜂养殖、有机产品加工、标识和销售、管理体系,以及有机生产和加工过程中允许使用的投入品等几个方面,涉及有机生产链条的各个环节。

四、标准解析

2003 年国务院发布的《认证认可条例》全面、系统规范了认证认可领域的活动,界定了认证认可活动的各类主体之间的权利义务关系。针对有机产品认证,我国发布了《有机产品认证管理办法》部门规章、《有机产品认证实施规则》行政规范性文件、GB/T 19630—2005《有机产品》国家标准,它们成为我国有机产品法规、标准早期体系的重要组成部分。

《有机产品认证实施规则》(2012)、《有机产品认证管理办法》(2022)、《有机产品认证目录》(2022)对有机认证的产品范围、认证细则等方面做出详细规定;《认证证书和认证标志管理办法》(2015)、《认证机构管理办法》(2017)对有机产品的证书、标志使用和认证机构的管理做出明确说明。

有机产品认证依据的技术标准可以分为三大类:一类是国外部分发达国家制定的有机农产品标准,如欧盟 EEC 2092/91 法规、美国国家有机标准、日本有机农业标准(JAS);第二类是国家市场监督管理总局(国家认监委)组织环保、农业、食品等部门共同起草的统一标准 GB/T 19630—2019,它对有机产品的生产、加工、销售等环节做出详细说明,也是国内目前最为权威的标准;第三类是其他认证机构在上两类标准基础上衍生的一些标准。

我国有机产品标准是在参考国际食品法典委员会有机导则、国际有机农业运动联盟有机标准、欧盟有机法规、美国国家有机标准及日本有机农业标准(JAS)等有机标准的基础上,结合我国国情所制定的,更考虑实施层面,要求更加具体。IFOAM 有机标准和我国有机产品标准基本思路和框架是一致的,只是在各有机操作类型的具体要求上存在一些差异。

五、认证流程

由于有机产品认证采取市场化运作方式,各认证机构的认证流程略有不同,但是认证环节大致经过以下四个阶段:

认证申请阶段:申请人应具备认证委托人所需的相应资质条件并递交相应材料与文件。

认证受理阶段:认证机构在接到认证申请后做出评审。在此期间,认证机构要对申请人公开认证范围、认证费用等详细信息。

现场审核阶段:对于评审结果合格的单位,认证机构准备进行现场检查与样品检测以及落实有机转换计划;

认证决定阶段:最后认证机构做出最终评判,包括编写检查报告、做出认证决定、进行证书发放和证后监督等。

（一）申请认证需要提交的材料

申请人书面提出认证申请时，应根据《有机产品认证实施规则》的规定，至少提交以下文件和资料：

①认证委托人的合法经营资质文件（包括营业执照副本、组织机构代码证、土地使用权证明及合同等）的复印件。

②认证委托人及其有机生产、加工、经营的基本情况：

认证委托人名称、地址、联系方式；不是直接从事有机产品生产、加工的认证委托人，应同时提交与直接从事有机产品的生产、加工者签订的书面合同的复印件及具体从事有机产品生产、加工者的名称、地址、联系方式。

生产单元/加工/经营场所概况。

申请认证的产品名称、品种、生产规模（包括面积、产量、数量、加工量等）；同一生产单元内非申请认证产品和非有机方式生产的产品的基本信息。

过去3年间的生产历史情况说明材料，如植物生产的病虫草害防治、投入品使用及收获等农事活动描述；野生采集情况的描述；畜禽养殖、水产养殖的饲养方法、疾病防治、投入品使用、动物运输和屠宰等情况的描述。

申请和获得其他认证的情况。

③产地（基地）区域范围描述，包括地理位置坐标、地块分布、缓冲带及产地周围临近地块的使用情况；加工场所周边环境描述、厂区平面图、工艺流程图等。

④管理手册和操作规程。

⑤本年度有机产品生产、加工、经营计划，上一年度有机产品销售量与销售额（适用时）等。

⑥承诺守法诚信，接受认证机构、认证监管行政执法部门的监督和检查，保证提供材料真实、执行有机产品标准和有机产品认证实施规则相关要求的声明。

⑦有机转换计划（适用时）。

⑧其他。

（二）提出认证申请

申请人向有机产品认证机构提出正式申请，领取《有机产品认证申请表》《有机产品认证调查表》《有机产品认证书面资料清单》《有机产品生产技术准则》等文件。

申请人填写《有机产品认证申请表》《有机产品认证调查表》，并准备《有机产品认证书面资料清单》中要求提供的文件。

申请人按《有机产品生产技术准则》的要求，建立本企业的质量管理体系、生产操作规程和质量信息追踪体系。

（三）预审并制定初步的检查计划

认证机构对申请人材料进行预审。预审合格，认证机构根据检查时间和认证收费管理细则，制定初步检查计划，估算认证费用；向企业寄发《受理通知书》《有机产品认证检查合同》。预审不合格，认证机构通知申请人且当年不再受理其申请。

（四）签订有机产品认证检查合同

申请人确认《受理通知书》后，与认证机构签订认证检查合同，并根据检查合同的要求交纳相关费用。申请人指定内部检查员配合认证工作，并进一步准备相关材料。

（五）实地检查评估

全部材料审查合格以后，认证机构确定有资质的检查员进行实地检查。检查员依据《有机产品生产技术准则》的要求，对申请人的质量管理体系、生产过程控制体系、追踪体系以及产地、生产、加工、仓储、运输、贸易等情况进行实地检查评估。

必要时，检查员可对水、土、气及产品抽样，由检查员和申请人共同封样送指定的质检机构检测。

（六）编写检查报告

检查员完成检查后，按认证机构要求编写检查报告。

（七）综合审查评估意见

认证机构根据申请人提供的申请表、调查表等相关材料，以及检查员的检查报告和样品检验报告等进行综合审查评估，编制颁证评估表，提出评估意见并报颁证委员会审议。

（八）认证决定人员/颁证委员会决议

认证决定人员对申请人的基本情况调查表、检查员的检查报告和认证中心的评估意见等材料进行全面审查，做出同意颁证、有条件颁证、有机转换颁证或拒绝颁证的决定。有机产品证书有效期为1年。

同意颁证。申请内容完全符合有机产品标准，颁发有机产品证书。

有条件颁证。申请内容基本符合有机产品标准，但某些方面尚需改进，在申请人书面承诺按要求进行改进以后，亦可颁发有机产品证书。

有机转换颁证。申请人的基地进入转换期1年以上，并继续实施有机转换计划，颁发有机产品转换证书，产品按"转换期有机产品"销售。

拒绝颁证。申请内容达不到有机产品标准要求，颁证委员会拒绝颁证，并说明理由。

（九）颁证

根据颁证决议和《有机产品标志使用管理规则》的要求，签订《有机产品标志使用许可合同》，并办理有机产品标志的使用手续，颁发有机产品证书。

六、认证证书、标志及使用

有机产品认证采用统一的认证证书编号规则。认证机构在中国食品农产品认证信息系统中录入认证证书、检查组、检查报告、现场检查照片等相关信息，经格式校验合格后，由系统自动赋予认证证书编号，认证机构不得自行编号。

C:100 M:0 Y:100 K:0
C:0 M:60 Y:100 K:0

图 3.2-3 中国有机产品标志

获得有机转换认证证书的产品不得使用中国有机产品认证标志及标注含有"有机""ORGANIC"等字样的文字表述和图案。

认证证书暂停期间，认证机构应当通知并监督获证组织停止使用有机产品认证证书和标志，封存带有有机产品认证标志的相应批次产品。

认证证书被注销或撤销的，获证组织应将注销、撤销的有机产品认证证书和未使用的标志交回认证机构，或由获证组织在认证机构的监督下销毁剩余标志和带有有机产品认证标志的产品包装，必要时还应当召回相应批次带有有机产品认证标志的产品。

相关案例：建设农业强国，农民富是底线标准。要坚持乡村振兴为农民而兴，乡村建设为农民而建的观念，充分发挥农民的主体作用。有机农业的发展可帮助农民解决就业问题，实现增收。

湖北省西南部的鹤峰县，是我国古老产茶区之一，明清时期鹤峰茶叶被列为宫廷上乘贡品。近年来，鹤峰积极发展有机茶产业，在传承茶叶文化的同时发展茶基地，实现茶产业全面升级，带动贫困户靠茶脱贫。广西、山西、云南等地的有机基地也都在聚力谋发展，充分发挥地域特色资源，通过创新"公司＋基地＋农户"模式、成立合作社等形式，形成稳固的农业发展新模式，带动农民就地就近就业，持续保农民增收，强劲助乡村振兴。

知识拓展

有机产品 生产、加工、
标识与管理体系要求

相关网站

中国有机食品网、中国有机农业网、中国有机信息网等。

任务四　良好农业规范认证

一、简介

良好农业规范作为一种适用方法和体系，通过经济的、环境的和社会的可持续发展措施，来保障食品安全和食品质量。良好农业规范认证主要针对未加工和最简单加工（生的）出售给消费者和加工企业的大多数果蔬的种植、采收、清洗、摆放、包装和运输过程中常见的微生物的危害控制，其关注的是新鲜果蔬的生产和包装，但不限于农场，包含从农场到餐桌的整个食品链的所有步骤。

通过良好农业规范认证，能够提升农业生产的标准化水平，有利于提高农产品的内在品质和安全水平，增强生产者的安全意识、环保意识以及消费者的消费信心，保护劳动者的身体健康。

良好农业规范理念是指通过对农产品的种植、养殖、采收、清洗、包装、贮藏和运输等农事活动进行全程监管，采用标准化生产和系统化控制，实现农产品质量安全、环境保护和可持续发展的目标。最初，在欧洲零售商的倡导下，欧洲零售商农产品工作组（EUREP）于 1997 年提出了 EUREPGAP 标准，明确了食品生产加工过程中对生态环境保护、追溯制度建立、人员健康和福利、野生动植物保护等方面的要求，最终发展成为后来的 GlobalGAP，即全球良好农业操作规范。美国在 1998 年发布了《关于降低新鲜水果与蔬菜微生物危害的企业指南》，针对新鲜水果与蔬菜等产品提出生产全过程实施良好农业规范的要求。在随后的几年，良好农业规范逐步受到各国政府、民间组织、食品加工企业、食品零售商、农户和消费者的关注和重视，进而成为现代农业发展和管理的方向。

二、概念解析

GAP 是良好农业规范（Good Agricultural Practice）的简称，是一套主要针对初级农产品生产的操作规范。GAP 是以农产品生产过程质量控制为核心，以危害分析与关键控制点、可持续发展为基础，关注环境保护、员工健康安全和福利，保证农产品生产安全的一套规范体系。它通过规范种植、养殖及采收、清洗、包装、储藏和运输过程管理，鼓励减少农用化学品的使用，实现保障初级农产品质量安全、可持续发展、环境保护、员工健康安全以及动物福利等目标。GAP 强调从源头解决农产品、食品安全问题，是提高农产品生产全过程质量安全和管理水平的有效手段和工具。

三、中国良好农业规范（ChinaGAP）认证依据

为进一步提高农产品安全控制、动植物疫病防治、生态和环境保护、动物福利、

职业健康等方面的保障能力，使我国农产品种植养殖企业能够适应国际良好农业规范认证，2004 年下半年，国家认证认可监督管理委员会牵头组织我国农产品专家起草了中国良好农业规范（ChinaGAP）国家标准。2005 年 11 月，良好农业规范系列国家标准首次通过国家标准委员会组织的专家审定。该标准根据 EUREPGAP 标准制定，同时充分结合了中国国情，并考虑了与 EUREPGAP 组织的互认。

ChinaGAP 认证依据主要有两个：国家良好农业规范认证实施规则、良好农业规范系列国家标准。

四、标准解析

（一）标准组成

中国良好农业规范国家标准由术语、农场基础、作物基础、大田作物、水果和蔬菜、畜禽基础、牛羊、奶牛、猪、家禽、畜禽公路运输、茶叶、水产养殖基础等控制点与符合性规范组成。到 2014 年 10 月为止，《良好农业规范》（GB/T 20014 系列标准）正式发布了 27 个标准。随着农业实践的不断发展，中国良好农业规范国家标准内容还会不断调整。

除了第一部分术语外，其他部分按照适用范围和领域的不同，可以分为农场基础标准、种类标准、产品模块标准。

农场基础标准：农场基础标准是一个通用模块，适用于农作物种植、畜禽养殖、水产养殖等各项活动。生产单位必须按照农场基础模块的要求进行种植、养殖管理，认证机构也必须对这一模块的符合性要求进行检查和认证。

种类标准：按照产业划分的类别标准，主要是种植业、畜牧业和水产行业标准。其中水产养殖标准又按照养殖环境和养殖方式的不同，进一步细分为池塘、网箱、围栏、工厂化和滩涂、吊养、底播等养殖标准。种类标准是在农场基础标准的基础上，针对具体农产品大类生产过程中出现的风险进行控制，进一步突出了对可追溯方面的要求。

产品模块标准：产品模块标准是农业三大行业产品种类的细分标准，如大田作物、果蔬、茶叶、牛羊、奶牛、猪、家禽、罗非鱼、大黄鱼、中华绒螯蟹等标准。种植类产品模块主要是对作物基础、农场基础的进一步细化和补充；畜禽养殖类产品模块主要按照牛羊、奶牛、生猪、家禽四大类进行制定，包含了 4 个控制点与符合性规范，其主要内容也是省略了对畜禽养殖的基础的共性要求，只针对不同种类和用途的畜禽产品的养殖全过程进行规范，对具体的养殖环节进行了内容的补充；水产养殖类产品模块的制定则更加灵活，其内容制定考虑到了我国水产养殖范围广泛、种类繁多、养殖方式和养殖场环境上差异较大等特点导致标准很难以偏概全的因素，只选择几种比较有代表性的产业化养殖类型制定了相应的标准模块，以满足大宗水产养殖生产的需求。

（二）标准内涵

良好农业规范的内涵从农产品生产环节管理、农产品可追溯制度建立、第三方认证审查制度实施三个方面表述。

农产品生产环节管理方面突出了对农产品品种选择、种植、养殖、收获、运输、销售等全过程各个环节的有效控制。意在要求企业合理运用风险管理和病虫害综合治理等现代农业管理手段，不断改进方法，严格遵照标准和规程进行生产管理，以实现产地环境保护良好、农产品质量安全、工人生活工作条件良好和身体健康、农业生产可持续的目标。

农产品可追溯制度建立方面强调在农产品生产过程中建立和保留完整的生产、内部检查、投入品使用及产品购销等的完整记录。记录内容包括种植养殖品种，投入品及药物的名称、种类、购买渠道、存放地点、使用情况、处理情况，栽培方式、病虫害防治方法，操作人员及记录人员，采购商和销售信息，等等。目的是在生产环节，找出可能存在的事故风险及发生事故后能够进行事故分析并及时找出原因进行纠正；在销售环节，让消费者可以查询产品来源、生产过程、产品品质、产品安全等信息，让生产和销售者明确产品流向，在产品出现质量问题时能及时召回，防止不合格产品对消费者利益的进一步损害，并找到不合格产品生产中的问题环节和责任人，避免类似安全事件再次发生。建立可追溯制度最终的目的是净化消费环境，提振消费信心，提高产品质量和产品市场竞争力。

第三方认证审查制度实施突出了生产管理的自我监督及外部监管。《良好农业规范认证实施规则》要求获证生产单位每年都要进行内部自我检查，认证机构要对其进行复审和不通知检查，一是提高生产单位的自律意识，促使生产单位不断改进生产方式，采用更先进、更安全的生产管理方式，发现生产环节中可能存在的各种风险并及时给予纠正和改进，提高自身质量管理体系的有效性，保证良好农业规范标准的正确执行；二是让认证机构更好地对获证单位良好农业规范标准执行的情况进行监控，在发现问题时及时给予纠正并采取相应措施暂停或者撤销获证单位的证书，防止问题产品流入市场，进一步保障农产品质量安全和良好农业规范的有效落实。

（三）认证管理体系

中国良好农业规范认证的核心理念是让农业生产可持续发展、高质量发展，具体为，在农业生产全过程中建立和保持完备的生产记录档案，建立可行的农产品生产销售可追溯制度，从产地开始以最大的限度保证人们的食用农产品安全、保护环境等。它虽是产品认证，但具有体系认证的特点，使生产和认证过程更具可操作性。

（四）认证申请人类别及基本要求

根据中国良好农业规范标准定义，申请中国良好农业规范认证的委托人包括农业生产经营者和农业生产经营组织两类。认证申请的基本条件主要有以下几点：一是符合标准要求的必备硬件、软件条件；二是已按标准要求建立统一的操作规范，并有效实施；三是有至少3个月的运行记录。认证申请的优先条件主要有以下几点：一是企业规模较大，组织管理体系健全；二是有产品出口或准备出口；三是企业位于标准化基地、出口基地、优势农产品产业带等区域；四是产品具有较强市场竞争力。

五、认证流程

（一）企业申请认证需要准备的文件

①资质证明文件：证明具有合法的经营资质的文件，如营业执照、生产许可证（适用时）；证明具有合法的土地使用的文件，如土地租赁协议、产权证等；若申请人不是产品的直接生产者，还需提交与产品供应方签订的书面合同；企业操作规程、简介（包括组织机构、生产经营情况及方式等）。

②生产场所位置图、平面布局及地块分布图（需标注场所5千米范围内的工业污染源、邻近地块使用情况和供排水等信息）。

③生产基地有关环境证明材料：生产单元内的水质符合国家标准的证明（取水许可证明、水质检测报告）、排污合格证明或批准证明、产品农药残留检测报告等。

④其他相关资料：生产过程流程图、年度生产计划（包括轮作安排、分包计划）；专业技术和管理人员（含内部检查员）的资质证明材料（学历证书、资格证书复印件）；转基因品种来源的证明性材料（适用时）、与农业生产经营者签订的书面合同（适用时）。

⑤认证委托人按照良好农业规范认证要求建立管理体系的情况汇报。初次申请认证之前对记录不做要求，但认证检查前至少要有3个月的完整记录。

（二）认证流程

①认证申请阶段：申请人应具备认证委托人相应的资质条件并递交相应的材料与文件。

②认证受理阶段：认证机构在接到认证申请后做出评审，在此期间认证机构对申请人要公开认证范围、认证费用等详细信息。

③现场审核阶段：对于评审结果合格的单位，认证机构先准备现场检查，需要准备检查任务书、检查计划、检查通知和文审认证材料等；再进行现场检查，包括抽样送检。

④认证决定阶段：最后认证机构做出最终评判，包括编写检查报告、做出认证决定、进行证书发放和证后监督等。

六、认证证书、标志及使用

一级认证标志　　　　　　　　二级认证标志

图 3.2 − 4　GAP 认证标志

中国良好农业规范认证证书有效期 1 年，证书到期前，应由认证机构对证书持有人进行再认证，并按照 GB/T 20014 国家标准和认证规则的要求实施审核/检查，否则证书状态将由"已认证"更改为"到期失效"。认证机构应在证书失效前 8 个月内对证书持有人进行再认证审核/检查，由于未在生产季节等特殊原因无法实施再认证审核/检查时，证书持有人可在证书有效期内可向认证机构申请延期，并由认证机构在"中国食品农产品认证信息系统"中延长证书有效期，再认证检查可在证书失效日后最长 4 个月内实施，但两次再认证检查之间的最小时间间隔不能小于 6 个月。

相关网站

认证证书可在中国食品农产品认证信息系统进行查询。

知识拓展

良好农业规范认证实施规则

任务五　食品安全管理体系认证

一、简介

随着社会文明程度的提高、经济全球化的发展，人们越来越关注食品安全问题，要求生产、加工和供应食品的组织证明自己有能力控制食品安全危害和影响食品安全的因素。顾客的期望、社会的责任，促使了食品安全管理体系标准的产生，人们用该标准来指导保障食品安全方面的管理操作，来评价企业食品安全管理水平。

食品安全管理体系，英文简称 FSMS（Food Safety Management Systems）。GB/T 22000/ISO 22000 是食品安全管理体系标准之一。该标准是对食品安全管理的共性要求，而不是针对食品链中任何一类组织的特定要求。该标准适用于食品生产销售链中所有希望建立食品安全体系的组织，使用范围覆盖了食物生产销售链全过程，即种植、养殖、初级加工、生产制造、分销、餐饮经营。另外，与食品生产密切相关的行业也可以采用这个标准建立食品安全管理体系，如杀虫剂、兽药、食品添加剂的制造及储运业，食品设备生产、食品清洁服务、食品包装生产等行业。

食品安全管理体系认证依据的是由国家认监委制定的《食品安全管理体系认证实施规则》。该规则规定了从事食品安全管理体系认证的认证机构实施食品安全管理体系认证的程序与管理的基本要求，是认证机构从事食品安全管理体系认证活动的基本依据。

二、概念解析

食品安全是指，食品无毒、无害，符合应当有的营养要求，对人体健康不造成任何急性、亚急性或者慢性危害。食品安全问题没有协商的余地。食品质量则涉及对消费者而言的其他性状，有正面的性状，即食品的使用价值，如风味、颜色、质地等；也有负面的性状，如腐败、变色、变味等。食品安全关注的重点是消费者的健康问题，食品质量关注的重点则是食品本身的使用价值和性状。

食品控制是强制执行国家或地方对消费者权益的保护政策，确保所有食品在生产、加工、贮藏、运输及销售过程中是安全的、健康的、宜于人类消费的、符合质量要求的，且食品标注信息是真实而准确的一种规则行为。食品控制的首要任务是强化食品立法，通过禁止出售那些购买者所不期望的非天然或不合质量要求的食品，以确保食品消费安全，使消费者远离不安全、不卫生、假冒的食品。

食品危害主要集中在五个方面：微生物、农药残留、食品添加剂的滥用、化学成分（包括生物毒素等）、假冒食品。这些危害还可以广泛延伸到诸如过敏原、兽药残留及在动物产品中残存的人为添加的激素等。

国家食品管理体系的目标是：减少食源性疾病，保护公众健康；防范不卫生的、有害健康的、误导的或假冒的食品，以保护消费者权益；通过建立一个完全依照规则的国际或国内食品贸易体系，保持消费者对食品管理体系的信心，从而促进经济发展。食品管理体系应覆盖一个国家所有食品的生产、加工和销售过程，也包括进口食品。

食品管理体系必须建立在法律基础之上，还必须强制执行。大多数国家食品管理体系由五个单元构成：食品法律法规；食品管理；食品监管；实验室检测；信息、教育、交流和培训。

（一）食品法律法规

制定食品法律法规是现代食品法律法规体系的基本单元。食品法律法规在传统上包含不安全食品的界定、不安全食品的强制召回以及对负有责任的团体和人员的惩处等内容。制定现代食品法律法规在很大程度上不仅是为了发挥其保证食品安全的法律效力，还为了授权食品安全管理部门依法建立一种预防性的保障体系。除了食品安全立法以外，政府部门还需要升级和更新食品标准。

（二）食品管理

建立有效的食品管理体系需要从国家层面进行有效协调，并出台适宜的政策，其任务包括建立食品安全管理领导机构或部门，明确这些机构或部门在以下行动中的职责：执行国家统一的食品管理策略；运作国家食品管理项目；获得国家食品管理资源并合理分配；设立国家食品管理标准和规则；参与国际食品安全管理联合行动；制定食品安全紧急事件反应程序；进行食品安全风险分析；等等。其核心任务可以概括为建立规范的措施、保障监督体系的运行、持续改进硬件条件、提供政策指南。

（三）食品监管

食品法律法规的运行和监管以诚实、有效的调查工作为基础。作为调查工作关键要素的调查人员应当是高素质的、训练有素的、诚实的。食品管理体系的声誉在很大程度上是建立在调查人员诚信和专业水平上的。因此，对调查人员进行适当的培训是建立有效的食品管理体系的前提。国家应通过出台持续的人力资源政策，使调查人员的素质不断提高，逐步形成调查专家队伍。

（四）实验室检测

实验室检测是食品管理体系的一个基本构成要素。实验室的数量和位置取决于体系的目标和工作量的大小，同时应考虑装备中央参照实验室，以完成比对实验和一些复杂的实验。食品管理部门的职责是按照标准监督这些实验室，并管理其运行过程。食品安全实验室的检测分析结果常常会在法庭上作为有效的证据，这就需要相关人员在实验检测分析过程中高度认真，以确保检测结果的可信度和有效性。

（五）信息、教育、交流和培训

给消费者提供全面真实的信息；对食品行业从业者和消费者开展食品安全教育；对食品质量安全类信息进行系统化处理；给食品产业链上多个环节的代理人提出建议；推出面向食品行业行政管理人员和工作人员的教育项目、培训项目、交流项目；向农业和卫生部门的广大员工提供参考文献；等等。这些工作在食品安全管理体系中扮演着越来越重要的角色。

三、认证依据

国际标准化组织于 2005 年 9 月 1 日颁布实施了 ISO 22000—2005 标准《食品安全管理体系 食品链中各类组织的要求》。2006 年 3 月 1 日，我国等同转换国际版标准的 GB/T 22000—2006 正式发布，并于 2006 年 7 月 1 日正式实施。

ISO 22000 的实施，统一了全球执行食品安全危害分析与关键控制点体系的管理标准，明确了危害分析作为安全食品实现策划的核心，并将国际食品法典委员会（CAC）所制定的预备步骤中的产品特性、预期用途、流程图、加工步骤、控制措施和沟通作为危害分析及其更新的输入；同时将危害分析和关键控制点计划及其前提条件、前提方案实现了动态、均衡的结合。

四、标准解析

GB/T 22000/ISO 22000 标准是建立在危害分析与关键控制点（HACCP）体系、卫生标准操作程序（SSOP）、良好生产规范（GMP）、良好农业规范（GAP）、良好兽医规范（GVP）、良好卫生规范（GHP）等基础之上，同时整合了 ISO 9001—2000 的部分要求而形成的针对整个食品链进行全程监管的食品安全管理体系。

食品安全管理体系标准既是描述食品安全管理体系要求的使用指导标准，又是可供食品生产、操作和供应的组织认证和注册的依据。食品安全管理体系以危害分析和关键控制点为基础，它既是一种控制食品安全危害的预防性体系，主要是对食品中的微生物、化学和物理危害进行安全控制，使食品安全危害风险降低到最低或可接受的水平，预测和防止在食品生产过程中出现影响食品安全的危害，防患于未然，降低产品损耗；又是一种系统、科学、严谨的和对食品普遍适用的控制危害手段，通过从原料、加工、储运和销售各环节对食品进行危害分析，找出显著危害，并建立关键控制点对危害进行控制。

为了提高标准的适用性，国际标准化组织的食品技术委员会 TC 34 和食品安全管理体系委员会 SC 17 对 ISO 22000 进行了改版修订，并于 2018 年 6 月颁布了 ISO 22000—2018。

ISO 22000—2018 标准包括十个方面的内容，即范围、规范性引用文件、术语和定义、组织环境、领导、策划、支持、运行、绩效评价、改进。该标准对全球食品安全管理体系提出了一个统一的标准，实施这一标准可以使生产加工企业避免因不同国家的不同要求而产生的问题，可能为越来越多国家的食品生产加工企业所采用而成为国际通行标准。

五、认证范围

（一）标准所涉及的范围

GB/T 22000/ISO 22000 标准可以适用于食品供应链范围内所有类型的组织。

GB/T 22000/ISO 22000 标准具体规定了组织食品供应链中食品安全管理系统的要求：

第一，相关组织需要证明其控制食品安全风险的能力，以便持续提供全程安全的食品，食品既能满足消费者的需求，又符合相应的食品安全条例要求；

第二，通过有效控制食品安全风险及持续改进体系的过程，增强顾客满意度。

（二）标准的适用范围

GB/T 22000/ISO 22000 标准适用于整个食品供应链中所有的组织，包括直接介入食品链中一个或多个环节的组织和间接介入食品链的组织。直接介入食品链中一个或多个环节的组织包括饲料加工、种植生产、辅料生产、食品加工、零售、食品服务、配餐服务及提供清洁、运输、贮存和分销服务的组织；间接介入食品链的组织包括食品设备、食品添加剂和其他食品配料、食品清洁剂和包装材料及其他食品接触材料的供应商等。

六、认证程序

（一）认证申请

1. 认证机构要求认证委托人具备的条件

①取得国家、地方市场监督管理部门或有关机构注册登记的法人资格（或其组成部分）；

②已取得相关法律法规规定的行政许可（适用时）；

③未列入严重违法失信名单；

④生产、加工及经营的产品或提供的服务符合相关法律、法规、标准和规范的要求；

⑤按照本规则规定的认证依据，建立和实施食品安全管理体系，且有效运行 3 个月以上；

⑥1 年内未发生违反相关法律、法规的食品安全事故；

⑦3 年内未因食品安全事故、违反国家食品安全管理相关法规或虚报、瞒报获证所需信息，而被认证机构撤销认证证书。

2. 认证机构要求认证委托人提交的文件和资料

①认证申请；

②法律地位证明文件，当食品安全管理体系覆盖多个法律实体时，应提供每个法律实体的法律地位证明文件；

③申请认证范围所涉及的法律法规要求的行政许可证明文件（适用时）；

④食品安全管理体系文件化信息［包括产品描述、流程图和过程描述、操作性前提方案计划、危害分析和关键控制点（以下简称 HACCP）计划等］；

⑤组织机构与职责说明；

⑥加工生产线、季节性生产、HACCP项目和班次的详细信息；

⑦多场所清单、外包（含委托加工）情况说明（适用时）；

⑧产品符合安全要求的相关证据；

⑨承诺遵守相关法律法规、认证机构要求及提供材料真实有效的自我声明；

⑩其他需要的文件。

（二）认证受理

1. 认证机构受理认证申请应至少公开的信息

①可开展认证业务的范围，以及获得相应认可的情况；

②开展认证活动所依据的认证标准；

③相关的认证方案、认证程序；

④批准、保持、变更、暂停、恢复、撤销认证证书的规定与程序；

⑤拟获取认证委托人的信息，以及对相关信息的保密规定；

⑥认证证书的使用规定；

⑦对认证过程的申诉、投诉规定；

⑧认证要求变更的规定。

2. 申请评审

认证机构应根据认证依据、程序等要求，对认证委托人提交的申请文件和资料进行评审并保存评审记录，以确保：

①认证要求规定明确、形成文件并得到理解；

②认证机构和认证委托人之间在理解上的差异得到解决；

③对于申请的认证范围、认证委托人的工作场所和任何特殊要求，认证机构均有能力开展认证服务；

④认证机构依据"食品链分类"确定组织申请认证的相关范围，不将能够影响认证范围内终产品食品安全的活动、过程、产品或服务排除在认证范围之外。

3. 评审结果处理

①申请材料齐全、符合要求的，予以受理认证申请；

②未通过申请评审的，应书面通知认证委托人在规定时间内补充、完善，不同意受理认证申请时应明示理由。

（三）签订认证合同

认证机构应与认证委托人签订具有法律效力的书面认证合同或等效文件。认证合同或等效文件应明确食品安全管理体系覆盖的范围以及认证机构和认证委托人各自应当承担的责任、权利和义务。

（四）审核方案和审核策划

初次认证审核方案应包括两个阶段的初次审核、认证决定之后的监督审核及再认证审核。第一个 3 年认证周期从初次认证决定算起，以后的周期从再认证决定算起。审核方案的确定和任何后续调整，应考虑认证委托人的规模，其食品安全管理体系、产品和过程的范围与复杂程度，生产季节和产品的安全风险，以及经过证实的食品安全管理体系有效性水平和以前审核的结果。

初次认证后的第一次监督审核应在认证决定日期起 12 个月内进行。此后，监督审核应至少每个日历年（应进行再认证的年份除外）进行一次，且两次监督审核之间不应超过 15 个月。认证机构应合理策划监督审核的时间间隔或频次。当获证组织食品安全管理体系发生重大变更，或出现与食品安全相关的产品质量问题时，认证机构应增加监督审核的频次。

当认证委托人的食品安全管理体系覆盖了多个场所时，认证机构应对包括中心职能在内的所有场所实施现场认证审核，以确保审核的有效性。

如果认证委托人采用轮班作业，应在制定审核方案和编制审核计划时考虑在轮班工作中发生的活动。

当认证委托人将影响食品安全的重要生产过程采用委托加工等方式进行时，除非被委托加工组织的被委托加工活动已获得相应的食品安全管理体系认证或 HACCP 认证，否则应对委托加工过程实施现场审核。

审核时间。认证机构应按 GB/T 27204《合格评定 确定管理体系认证审核时间指南》标准中的方法制定文件化的确定审核时间的程序，并应至少考虑行业类别、HACCP项目、产品/服务实现过程的复杂程度、涉及食品安全方面的员工数、场所数量等因素。认证机构应针对每个认证委托人确定策划和完成对其食品安全管理体系的完整有效审核所需的时间，并应留存为每次审核计算审核时间（包括现场审核时间）的记录。

组建审核组。认证机构应根据实现审核目的所需的能力以及公正性要求来选择和任命审核组。

认证机构应编制审核计划，审核计划中至少应包括以下内容：审核目的、审核准则、审核范围、审核日期、时间安排和场所、审核组成员及审核任务安排。

认证机构应在现场审核活动开始前将审核计划提交给认证委托人进行确认，并留出足够的时间，以使认证委托人能够对某一审核组成员的任命表示反对，并在反对有效时使认证机构能够重组审核组。

（五）初次认证

初次认证审核应分两个阶段实施：第一阶段审核和第二阶段审核。

1. 第一阶段审核

第一阶段审核的目标是通过了解认证委托人的食品安全管理体系和认证委托人对第二阶段的准备状态,策划第二阶段审核的关注点。

第一阶段审核应在认证委托人的现场实施。如果认证委托人已获得同一认证机构颁发的其他以 HACCP 原理为核心的食品安全相关管理体系有效认证证书,且认证机构已对认证委托人的过程和活动有充分了解,认证机构经过风险评估后,第一阶段审核可以不在认证委托人的现场进行,但应记录未在现场进行的原因,并能提供证据证明第一阶段审核的目标全部实现。

2. 第二阶段审核

第二阶段审核的目的是评价认证委托人食品安全管理体系的实施情况及其有效性。第二阶段审核应在认证委托人的现场实施,并应确保对认证范围内有代表性的生产线、行业类别与子行业类别的典型产品/服务进行审核。

对于审核中发现的不符合标准的地方,认证机构应出具书面不符合报告,要求认证委托人在规定的期限内分析原因、说明为消除不符合已采取或拟采取的具体纠正和纠正措施,并提出明确的验证要求。认证机构应评审认证委托人提交的纠正和纠正措施,以确定其是否可被接受。

(六) 产品安全性验证

为验证危害分析的输入持续更新、危害水平在确定的可接受水平之内、操作性前提方案计划和 HACCP 计划得以实施且有效,特别是产品的安全状况等情况,适用时,在现场审核或相关过程中需要对认证范围内覆盖的产品进行抽样验证,以验证产品的安全性。

认证机构可根据有关指南、标准、规范或要求策划安全性验证活动。安全性验证可采用以下三种方式:委托具备相应资质能力的检测机构完成;或由现场审核人员进行风险评估,现场见证认证委托人实施的产品安全性检验;或由现场审核人员确认并收集 12 个月内由具备资质的第三方检验检测机构出具的检验报告。当认证机构认为检验项目不足以验证产品的安全性时,应采取相应的处理措施。

(七) 认证决定

认证机构应制定批准、拒绝、保持、扩大或缩小认证范围及暂停、恢复或撤销认证的认证决定的规定与程序。

认证机构在做出认证决定时,应获得与认证决定相关的所有信息,且所有不符合整改完成并得到验证。

认证机构应制定认证决定人员的能力准则,被指定进行认证决定的人员应具有相应能力。审核组成员不应参与认证决定。

（八）监督

1. 监督审核

每次监督审核应尽可能覆盖认证范围内所有有代表性的生产线、行业类别与子行业类别的典型产品/服务，如因产品/服务的季节性或客户需求等原因，监督审核难以覆盖认证范围内所有有代表性的生产线、行业类别与子行业类别的典型产品/服务的，应保证在认证证书有效期内的监督审核覆盖认证范围内的所有有代表性的生产线、行业类别与子行业类别的典型产品/服务。

必要时，监督审核应对产品的安全性进行验证。

2. 监督审核结果评价

认证机构应依据监督审核结果，对获证组织做出保持、暂停或撤销其认证资格的决定。

（九）再认证

获证组织宜在认证证书有效期结束前 3 个月向认证机构提出再认证申请。

认证机构应及时策划并实施再认证审核，再认证审核应在认证证书到期前完成。再认证审核应确保对认证范围内所有有代表性的生产线、行业类别与子行业类别的典型产品/服务进行审核。

当获证组织的食品安全管理体系、组织结构或食品安全管理体系运作环境（如区域、法律法规、食品安全标准等）有重大变更，并经评价需要时，再认证需实施第一阶段审核。

知识拓展

食品安全管理体系
认证实施规则

绿色食品 食品
添加剂使用准则

相关网站

中国食品农产品认证信息系统、全国认证认可信息公共服务平台等。

评价反馈

（一）知识点检测

1. 为了完成农产品质量安全认证的学习任务，你都做了哪些准备？查找了哪些资料？有哪些设想？

2. 名词解释：

认证、质量认证、产品认证、管理体系认证、认可

3. 简答题：

（1）关于中国认证制度的主要法规有哪些？

（2）在进行产品认证时，为什么要对农产品加工企业的质量管理体系进行审核评价？

（3）绿色食品与普通食品相比有什么区别？试举例说明。

（4）生产有机产品必须具备哪些条件？

（5）简述无公害农产品、绿色食品和有机产品认证的管理办法和认证程序。

（6）冒用农产品质量标志应承担什么法律责任？

（7）阐述有机农业的发展前景。

4. 选一种植物产品，准备申请绿色食品标志的程序和需提交的材料。

（1）运用所学知识，挑选一种农作物编写有机认证程序。

（2）参考有机产品生产操作技术规程，了解有机产品生产技术要求。

（3）通过各种途径查找资料，分析有机食品和绿色食品的区别和各自的发展前景。

5. 食用农产品承诺达标合格证使用案例分析：

"农安码"方便数字化管理

浙江杭州湾里塘莲藕专业合作社

从 2019 年 5 月 18 日起，浙江省杭州市余杭区全面实行食用农产品"农安码"和电子合格证制度。"农安码"是按照统一编码规则为每个主体配置的唯一性二维码，用于身份识别和数据信息的实时记录与传递，可以助力企业实现数字化管理、数字化收购，赋能安全管控，打造全链条追溯。湾里塘莲藕专业合作社位于余杭区崇贤街道沾桥村，现有社员 150 余人，农产品以莲藕、慈姑等水生作物为主，种植面积 2 680 亩，与周边 120 户非社员农户建立了良好的合作关系，示范带动种植面积 5 000 亩，帮助农户人均增收 1.5 万元。

对于湾里塘而言，通过使用"农安码"管理平台，不仅提高了生产管理效率，而且建立起规范的内部质量管理制度，大大提高了安全生产水平。在购买农资时，出示"农安码"扫码实名购买，信息实时上传平台，企业内部投入品电子台账也会即时更

新。在日常生产管理时，施肥、用药、检测、采收等信息也要录入"农安码"平台，形成内部生产数字化管理。湾里塘与沾桥村的多个小农户建立了固定合作关系，收购时扫描"农安码"，输入收购的产品和数量，形成电子化收购交易台账，为追究主体责任提供电子证据。追溯信息促使安全责任层层倒逼，有效地降低了生产收购企业与农户之间的安全责任风险。如今，湾里塘合作社有近50%的农产品从非社员农户手中收购而来，逐渐带动周边农户按照要求进行规范化、标准化生产。

湾里塘合作社在使用"农安码"合格证后，凭借规范的生产管理、可靠的品质把控、完整的追溯信息，不断拓展市场销售渠道，农产品在大型商超和线上销售平台供不应求，2019年销售量近万吨，产值4 150万元，体现出安全是农产品最核心的品牌价值。

请依据以上案例分析：食品农产品承诺达标合格证制度推广应用的前景及意义。

6. 通过自学、讨论和调研，谈谈你有什么收获。

（二）小组评价

从学习态度、学习方法、团队合作和学习能力的提升等方面评价。

评价项目	评价情况
与其他同学口头交流学习内容是否流畅	
是否尊重他人	
学习态度是否积极主动	
是否服从教师的教学安排	
能否正确理解有关概念和内涵	
是否掌握质量安全标准的学习使用方法	
能否结合本单位生产实践制定所需标准一览表	
能否结合生产实践认识总结体系建设现状	
是否有工作岗位责任心	
是否遵守学习场所的规章制度	
团队学习中主动与合作的情况如何	

（三）综合评价

1. 教师评价

（1）对整个学习内容的小结归纳

（2）对学生学习过程的总体评价

2. 学生评价

（1）对教师授课效果的评价

（2）对自己学习效果的评价

模块四　农产品质量安全管理

学习目标

1. 了解农产品质量安全管理体系，熟悉我国农产品法律法规体系；

2. 了解我国农产品质量安全标准现状，牢记农产品标准的相关概念和我国农产品质量安全标准化；

3. 明确农产品质量安全追溯的内容和意义，掌握农产品质量安全追溯体系的建立、实施过程及相关建议；

4. 熟悉农产品质量安全检验检测体系的指导思想、建设原则和目标，建设布局和功能定位，建设内容和标准。

工作任务

了解关于农产品质量安全的法律法规体系、标准体系、质量安全追溯体系、检验检测体系，让职工正确认识农产品质量安全问题的重要性和问题追责的严肃性。通过相关法律法规，规范职工在农产品质量安全生产过程中的行为；通过农产品标准化的实施，规范农产品的生产过程；通过农产品质量安全追溯的实施，问责并严肃处理各种农产品质量安全问题；通过检验检测体系的建设，继续完善农产品加工的过程，保障农产品的质量安全。

法律/政策导航

《农产品质量安全法》提出建立实施农产品承诺达标合格证制度。

国家市场监督管理总局修订发布了《食用农产品市场销售质量安全监督管理办法》，规范食用农产品市场销售行为，加强食用农产品市场销售质量安全监督管理。

中共中央、国务院印发了《扩大内需战略规划纲要（2022—2035 年）》，提出建立健全绿色产品标准、标识、认证体系和生态产品价值实现机制；加强检验检测体系建设；健全质量认证体系，完善质量认证采信机制。

项目一 农产品质量安全法律法规体系

▪️ 任务一　农产品质量安全法律法规体系概况 ▪️

确保农产品质量安全是事关人民生活、社会稳定的大事。党中央、国务院高度重视农产品质量安全。增进民生福祉，提高人民生活品质是中共二十大提出的明确要求。农产品保供，既要保数量，也要保多样、保质量。《农产品质量安全法》由中华人民共和国第十三届全国人民代表大会常务委员会第三十六次会议于 2022 年 9 月 2 日修订通过，自 2023 年 1 月 1 日起施行。《农产品质量安全法》充分体现"四个最严"、产管并举等指示精神，把所有农户、合作社、龙头企业、收储运商贩等都纳入监管视野，坚持重典治乱，依法惩处农产品质量安全违法行为，为农产品质量安全提供了有力法治保障，有利于压实农产品生产经营各环节主体责任，强化全链条全过程监管，提高农产品质量安全水平，让广大人民群众有更多获得感、幸福感、安全感。

一、农产品质量安全法律法规体系主要内容

农产品质量安全法律法规体系不仅包括立法监管制度，还包括农产品质量安全标准体系、认证体系等。这些体系是紧密联系、相互补充的。农产品的生产要严格按照农产品质量安全标准，由认证部门对农产品进行认证，经认证合格后才能进入市场，农产品生产的整个过程都要有检验检测机构进行检查监督。

中国关于农产品质量安全的法律法规主要有《农产品质量安全法》《食品安全法》《中华人民共和国种子法》《农业法》《中华人民共和国进出境动植物检疫法》《中华人民共和国渔业法》《农药管理条例》《标准化法》等。《农产品质量安全法》的主要内容包括农产品质量安全的标准，以及农产品产地环境、生产、包装标识等，加强了农产品的监督检查，明确了相关责任人的法律责任，规范了农产品的生产、加工制作、销售等过程，奠定了农产品质量安全的法律基础，确保了农产品的质量安全，维护了消费者的合法权益。

《农产品质量安全法》是坚持科学发展观，推动农业生产方式转变，为发展高产、优质、高效、生态、安全的现代农业和社会主义新农村建设提供坚实支撑的现实要求；是构建和谐社会，规范农产品产销秩序，保障公众农产品消费安全，维护最广大人民群众根本利益的可靠保障；是推进农业标准化，提高农产品质量安全水平，全面提升

中国农产品竞争力，应对农业对外开放和参与国际竞争的重大举措；是填补法律空白，推进依法行政，转变政府职能，促进体制创新、机制创新和管理创新的客观要求。

《食品安全法》的颁布实施，更加全面地保障了农产品的质量安全。《认证认可条例》及农产品质量安全认证管理办法、技术标准和认证程序的实施，为中国农产品质量安全的认证工作提供了理论基础。这些法律法规完善了中国的农产品质量安全法律法规体系。

二、《农产品质量安全法》基本内容

新修订的《农产品质量安全法》包括总则、农产品质量安全风险管理和标准制定、农产品产地、农产品生产、农产品销售、监督管理、法律责任、附则，共计81条，比《农产品质量安全法》（2018年修订）增加了25条。新修订的《农产品质量安全法》主要在农产品质量安全风险管理、农产品销售、法律责任等方面做了细化，具有鲜明的导向作用和更好的操作性。

新修订的《农产品质量安全法》深入贯彻了习近平总书记"四个最严"要求，突出了"三大原则"，体现了"三大变化"。

"四个最严"要求，即"最严谨的标准、最严格的监管、最严厉的处罚、最严肃的问责"。具体表现在以下三个方面：一是强调全链条控制。《农产品质量安全法》突出了从农产品产地、生产、收购、储存、批发、运输、销售等各环节的质量安全保障，确保从田间地头到百姓餐桌的全过程监管。二是扩展责任主体范围。农产品质量安全法确立了农产品生产经营者应承担的质量安全责任，压实了农产品批发市场、农产品销售企业、冷链物流企业以及网络经营者等相关主体的责任。同时还规定，地方政府应当对本行政区域的农产品质量安全工作负责。三是增设新规定，完善制度衔接。《农产品质量安全法》第三十九条提到了"健全农产品承诺达标合格证查验等制度"，第四十一条提到了"农产品实施追溯管理"。

"三大原则"，即农产品质量安全工作实行"源头治理、风险管理、全程控制"的原则。在具体制度上，通过建立农产品质量安全风险监测计划和实施方案、风险评估制度等，加强对重点区域、重点农产品品种的风险管理。同时，适应农产品质量安全全过程监管需要，进一步明确农产品质量安全标准的范围、内容，确保农产品质量安全标准作为国家强制执行标准的严格实施。

"三大变化"。一是生产经营"重承诺"，明确规定农产品生产经营者应当对其生产经营的农产品质量安全负责，接受社会监督，承担社会责任。二是监管执法"有力度"，明确了农业农村、市场监管部门的监管职责，强调了农业农村和市场监管部门应当加强协调配合和执法衔接，建立全程监管协作机制，确保农产品从生产到消费各环节的质量安全。三是放心消费"有保障"，强调要大力发展新的"三品一标"农产品

（绿色食品、有机农产品、地理标志农产品和达标合格农产品），强调要推行农业标准化生产、推广绿色生产技术，加强农产品质量安全信用体系建设。

三、《农产品质量安全法》解读

《农产品质量安全法》贯彻落实党中央决策部署，按照"四个最严"的要求，完善农产品质量安全监督管理制度，回应社会关切，做好与食品安全法的衔接，实现从田间地头到百姓餐桌的全过程、全链条监管，进一步强化农产品质量安全法治保障。

（一）压实农产品质量安全各方责任

把农户、农民专业合作社、农业生产企业及收储运环节等都纳入监管范围，明确农产品生产经营者应当对其生产经营的农产品质量安全负责，落实主体责任；针对出现的新业态和农产品销售的新形式，规定了网络平台销售农产品的生产经营者、从事农产品冷链物流的生产经营者的质量安全责任，还规定了农产品批发市场、农产品销售企业、食品生产者等的检测、合格证明查验等义务，明确各环节的责任。同时，地方人民政府应当对本行政区域的农产品质量安全工作负责，对农产品质量安全工作不力、问题突出的地方人民政府，上级人民政府可以对其主要负责人进行责任约谈、要求整改，落实地方属地责任。

（二）强化农产品质量安全风险管理和标准制定、实施

农产品质量安全工作实行源头治理、风险管理、全程控制的原则，在具体制度上，通过农产品质量安全风险监测计划和实施方案、评估制度等，加强对重点区域、重点农产品品种的风险管理。适应农产品质量安全全过程监管需要，进一步明确农产品质量安全标准的范围、内容，确保农产品质量安全标准作为国家强制执行的标准的严格实施。

（三）完善农产品生产经营全过程管控措施

一是加强农产品产地环境调查、监测和评价，划定特定农产品禁止生产区域。二是对农药、肥料、农用薄膜等农业投入品及其包装物和废弃物的处置做了规定，防止对产地造成污染。三是对农产品生产企业和农民专业合作社、农业社会化服务组织做出针对性规定，建立农产品质量安全管理制度，鼓励建立和实施危害分析和关键控制点体系，实施良好农业规范。四是建立农产品承诺达标合格证制度，要求农产品生产企业、农民专业合作社、从事农产品收购的单位或者个人按照规定开具承诺达标合格证，承诺不使用禁用的农药、兽药及其他化合物且使用的常规农药、兽药残留不超标等。同时，明确农产品批发市场应当建立健全农产品承诺达标合格证查验等制度。五是对列入农产品质量安全追溯名录的农产品实施追溯管理。鼓励具备条件的农产品生产经营者采集、留存生产经营信息，逐步实现生产记录可查询、产品流向可追踪、责任主体可明晰。

（四）增强农产品质量安全监督管理的实效

一是明确农业农村主管部门、市场监督管理部门按照"三前""三后"（以是否进入批发、零售市场或者生产加工企业划分）分阶段监管，在此基础上，强调农业农村主管部门和市场监督管理部门加强农产品质量安全监管的协调配合和执法衔接。二是明确农业农村主管部门建立健全随机抽查机制，按照农产品质量安全监督抽查计划开展监督抽查。三是加强农产品生产日常检查，重点检查产地环境、农业投入品，建立农产品生产经营者信用记录制度。四是推动建立社会共治体系，鼓励基层群众性自治组织建立农产品质量安全信息员工作制度协助开展有关工作，鼓励消费者协会和其他单位或个人对农产品质量安全进行社会监督，对农产品质量安全监督管理工作提出意见建议；新闻媒体应当开展农产品质量安全法律法规和知识的公益宣传，对违法行为进行舆论监督。

（五）加大对违法行为的处罚力度

与《食品安全法》相衔接，提高在农产品生产经营过程中使用国家禁止使用的农业投入品或者其他有毒有害物质，销售农药、兽药等化学物质残留或者含有的重金属等有毒有害物质超标的农产品的罚款处罚额度；构成犯罪的，依法追究刑事责任。同时，考虑到我国国情、农情，对农户的处罚与其他农产品生产经营者相比，相对较轻。

新修订的《农产品质量安全法》围绕增加绿色优质农产品供给、提升农业质量效益竞争力等提出了三个方面举措。一是突出标准化生产：明确了农产品质量安全标准的范围，对健全标准体系、推动按标生产、建立质量管理制度、开展标准化示范创建等方面做了规定，鼓励和支持实施危害分析和关键控制点体系及良好农业规范等。通过强化绿色导向、标准引领和质量安全监管，促进各项绿色生产技术和质量管理要求落实落地。二是突出品质提升。对标高品质生活需求，鼓励选用优质品种，采取绿色生产和全程质量控制技术，提升农产品品质，打造农产品精品品牌。同时支持冷链物流基础设施建设，健全有关标准规范和监管保障机制，使产地的"好产品"转化为消费者口中的"好味道"。三是突出质量标志管理。首次在法律层面提出了绿色优质农产品，鼓励符合条件的农产品生产经营者申请农产品质量标志，明确加强地理标志农产品保护和管理，为培育农业精品品牌、促进优质优价提供支撑。

四、《农产品质量安全法》基本制度

《农产品质量安全法》主要包括以下 11 项基本制度。

（一）监督管理制度

国家加强农产品质量安全工作，实行源头治理、风险管理、全程控制，建立科学、严格的监督管理制度，构建协同、高效的社会共治体系。国务院农业农村主管部门、市场监督管理部门依照本法和规定的职责，对农产品质量安全实施监督管理。国务院其他有关部门依照本法和规定的职责承担农产品质量安全的有关工作（《农产品质量安全法》第四条至第六条）。

（二）农产品质量安全管理制度

农产品生产经营者应当依照法律、法规和农产品质量安全标准从事生产经营活动，诚信自律，接受社会监督，承担社会责任。国家引导、推广农产品标准化生产，鼓励和支持生产绿色优质农产品；支持农产品质量安全科学技术研究，推行科学的质量安全管理方法，推广先进安全的生产技术。新闻媒体应当开展农产品质量安全法律、法规和农产品质量安全知识的公益宣传，对违法行为进行舆论监督。农民专业合作社和农产品行业协会等应当及时为其成员提供生产技术服务，建立农产品质量安全管理制度，健全农产品质量安全控制体系，加强自律管理。农产品生产企业应当建立农产品质量安全管理制度。国家鼓励和支持农产品生产企业、农民专业合作社、农业社会化服务组织建立和实施危害分析和关键控制点体系，实施良好农业规范，提高农产品质量安全管理水平（《农产品质量安全法》第七条、第九条至第十二条、第二十六条）。

（三）农产品质量安全风险监测制度

国务院农业农村主管部门负责制定国家农产品质量安全风险监测计划，各级主管部门制定本行政区域的农产品质量安全风险监测实施方案，县级以上地方人民政府农业农村主管部门负责组织实施本行政区域的农产品质量安全风险监测（《农产品质量安全法》第十三条）。

（四）农产品质量安全风险评估制度

国务院农业农村主管部门应当设立农产品质量安全风险评估专家委员会，对可能影响农产品质量安全的潜在危害进行风险分析和评估（《农产品质量安全法》第十四条）。

（五）农产品产地监测制度

县级以上地方人民政府农业农村主管部门应当会同同级生态环境、自然资源等部门制定农产品产地监测计划，加强农产品产地安全调查、监测和评价工作（《农产品质量安全法》第二十条）。

（六）投入品实行许可制度

对可能影响农产品质量安全的农药、兽药、饲料和饲料添加剂、肥料、兽医器械，依照有关法律、行政法规的规定实行许可制度（《农产品质量安全法》第二十八条）。

（七）农业投入品的安全使用制度

县级以上人民政府农业农村主管部门应当加强对农业投入品使用的监督管理和指导，建立健全农业投入品的安全使用制度，推广农业投入品科学使用技术，普及安全、环保农业投入品的使用（《农产品质量安全法》第三十一条）。

（八）进货检查验收制度

农产品销售企业对其销售的农产品，应当建立健全进货检查验收制度；经查验不符合农产品质量安全标准的，不得销售。

食品生产者采购农产品等食品原料，应当依照《食品安全法》的规定查验许可证和合格证明，对无法提供合格证明的，应当按照规定进行检验（《农产品质量安全法》第三十七条）。

（九）农产品承诺达标合格证查验等制度

农产品生产企业、农民专业合作社应当执行法律、法规的规定和国家有关强制性标准，保证其销售的农产品符合农产品质量安全标准，并根据质量安全控制、检测结果等开具承诺达标合格证，承诺不使用禁用的农药、兽药及其他化合物且使用的常规农药、兽药残留不超标等（《农产品质量安全法》第三十九条）。

（十）农产品质量安全信息员工作制度

国家鼓励和支持基层群众性自治组织建立农产品质量安全信息员工作制度，协助开展有关工作（《农产品质量安全法》第五十二条）。

（十一）农产品质量安全投诉举报制度

国家鼓励消费者协会和其他单位或者个人对农产品质量安全进行社会监督，对农产品质量安全监督管理工作提出意见和建议。县级以上人民政府农业农村主管部门应当建立农产品质量安全投诉举报制度，公开投诉举报渠道，收到投诉举报后，应当及时处理（《农产品质量安全法》第五十六条）。

任务二　农产品质量安全相关法律法规

一、《中华人民共和国食品安全法》

2009年《食品安全法》颁布实施，中国食品安全工作取得积极进展，食品安全形势总体稳中向好。为建立严格的食品安全监管制度，加快构建食品安全法治秩序，积极推进食品安全社会共治格局，不断提高食品安全保障水平，2021年4月29日第十三届全国人民代表大会常务委员会第二十八次会议修订了《食品安全法》。它的颁布实施，对规范食品生产经营活动、防范食品安全事故发生、强化食品安全监管、落实食品安全责任、保障公众身体健康和生命安全具有重要意义；在完善统一权威的食品安全监管机构，建立覆盖全过程的监管机制，依法保障人民群众"舌尖上的安全"方面发挥重要作用。

最新的《食品安全法》将第三十五条修改为："国家对食品生产经营实行许可制

度。从事食品生产、食品销售、餐饮服务，应当依法取得许可。但是，销售食用农产品和仅销售预包装食品的，不需要取得许可。仅销售预包装食品的，应当报所在地县级以上地方人民政府食品安全监督管理部门备案。"

《食品安全法》分为总则、食品安全风险监测和评估、食品安全标准、食品生产经营、食品检验、食品进出品、食品安全事故处置、监督管理、法律责任和附则。其是为了保证食品安全，保障公众身体健康和生命安全而制定的法律。在总则中规定了食品安全工作要实行预防为主、风险管理、全程控制、社会共治的基本原则，要建立科学、严格的监管制度。该规定吸收了国际食品安全治理的新元素，不仅是《食品安全法》修订时遵循的理念，也是今后中国食品安全监管工作必须遵循的理念。

（一）《食品安全法》的要点

建立食品安全全程追溯制度：建立出厂检验记录制度、进货查验记录制度、批发企业的销售记录制度等，使食品、食品添加剂、食用农产品全程可追溯。

加强特定标识监管：保健食品的标签应声明"本品不能代替药物"。生产经营转基因食品应当按照规定显著标示。食品、食品添加剂的生产日期、保质期等事项应当显著标注，容易辨识。

强化食品、食品添加剂生产经营关联主体的义务和责任：规定集中交易市场的开办者、柜台出租者、展销会的举办者的资质审查、检查、报告义务，食用农产品批发市场的抽样检验义务和报告义务，网络食品交易第三方平台的实名登记、审查许可证义务。不履行义务的，要承担连带责任，还要受处罚。

特殊食品严格监管：保健食品、特殊医学用途配方食品和婴幼儿配方食品纳入特殊食品，严格监管。不得以分装方式生产婴幼儿配方乳粉，同一企业不得用同一配方生产不同品牌的婴幼儿配方乳粉。

为赔偿设置最低限额：生产不符合食品安全标准的食品或者经营明知是不符合食品安全标准的食品，消费者除要求赔偿损失外，还可以向生产者或者经营者要求支付价款 10 倍或者损失 3 倍的赔偿金；增加赔偿的金额不足 1 000 元的，为 1 000 元。食品的标签、说明书存在不影响食品安全且不会对消费者造成误导的瑕疵的除外。

全面加大处罚力度：大部分违法行为的处罚起点由过去的 2 000 元提升到 5 万元，较严重的违法行为起点为 10 万元。一年内累计 3 次违反食品安全法受到处罚的，责令停产停业，直至吊销许可证。

提供场所要受罚：明知未经许可从事食品生产经营等违法行为而为其提供场所或其他条件的，要受到处罚并承担连带责任。

重拳整治虚假广告：发布食品虚假广告要受罚，广告经营者、发布者承担连带责任。社会团体或其他组织、个人在虚假广告或其他虚假宣传中向消费者推荐食品的，承担连带责任。

剧毒、高毒农药有禁区：禁止将剧毒、高毒农药用于蔬菜、瓜果、茶叶和中草药材等国家规定的农作物。国家对农药的使用实行严格的管理制度，加快淘汰剧毒、高毒、高残留农药，推动替代产品的研发和应用，鼓励使用高效、低毒、低残留农药。

网络食品交易第三方平台提供者应当对入网食品经营者进行实名登记：消费者合法权益受到损害的，可以向入网食品经营者或者食品生产者要求赔偿。网络食品交易第三方平台提供者不能提供入网食品经营者的真实名称、地址和有效联系方式的，由网络食品交易第三方平台提供者赔偿。

（二）《食品安全法》颁布的意义

《食品安全法》的颁布对保障公众健康具有重要意义。食品安全问题关系到每一个人的身体健康和生命安全，是人民群众关注的热点问题。食品安全问题的出现往往导致公众恐慌，甚至造成社会不稳定。制定和实施《食品安全法》，能够有效地保障公众的健康权益，维护社会的和谐稳定。

《食品安全法》从源头到餐桌全面加强了对食品安全的监管。首先，对食品生产经营者的责任进行了明确规定。食品生产经营者必须遵守食品安全法律法规，确保生产的食品符合安全标准，不得生产、销售不合格食品。其次，对食品生产经营活动进行了全程监管。从食品原料的选择、生产过程的控制，到食品销售的环节，都要进行严格的检验检测，确保食品的质量安全。再次，还规定了对违法行为的处罚措施，对违法者进行严厉的惩罚。

《食品安全法》的颁布和实施，对公众产生了积极影响。一方面，通过宣传教育和法律约束，公众对食品安全问题有了更加深入的了解，增强了自我保护意识；另一方面，增强了公众对食品安全的信心，促进了食品市场的发展。此外，食品生产经营者必须遵守法律规定，提高食品质量，不得以次充好，这提高了食品市场的整体质量水平。

二、《中华人民共和国食品安全法实施条例》

2009 年 7 月 8 日国务院第七十三次常务会议通过《中华人民共和国食品安全法实施条例》（以下简称《食品安全法实施条例》）。2015 年新修订的《食品安全法》颁布后，原实施条例的部分规定已经滞后，党中央、国务院新的决策部署需要从行政法规层面予以落实，食品安全法的一些原则制度需要进行具体化，实践中新出现的一些突出问题和矛盾需要解决，食品安全行政执法自由裁量权需要明确细化，为此，需要修订《食品安全法实施条例》。

2019 年 3 月 26 日国务院第四十二次常务会议修订通过新的《食品安全法实施条例》。条例共有十章八十六条，内容包括总则、食品安全风险监测和评估、食品安全标准、食品生产经营、食品检验、食品进出口、食品安全事故处置、监督管理、法律责任和附则。

《食品安全法实施条例》从以下四个方面进一步细化和落实新修订的《食品安全法》：

第一，强化了食品安全监管，要求县级以上人民政府建立统一权威的监管体制，加强监管能力建设，补充规定了随机监督检查、异地监督检查等监管手段，完善举报奖励制度，并建立严重违法生产经营者黑名单制度和失信联合惩戒机制。

第二，完善了食品安全风险监测、食品安全标准等基础性制度，强化食品安全风险监测结果的运用，规范食品安全地方标准的制定，明确企业标准的备案范围，切实提高食品安全工作的科学性。

第三，进一步落实了生产经营者的食品安全主体责任，细化企业主要负责人的责任，规范食品的贮存、运输，禁止对食品进行虚假宣传，并完善了特殊食品的管理制度。

第四，完善了食品安全违法行为的法律责任，规定对存在故意实施违法行为等情形单位的法定代表人、主要负责人、直接负责的主管人员和其他直接责任人员处以罚款，并对新增的义务性规定相应设定严格的法律责任。

三、《中华人民共和国认证认可条例》

《认证认可条例》于 2003 年 9 月 3 日公布，根据 2016 年 2 月 6 日《国务院关于修改部分行政法规的决定》第一次修订，根据 2020 年 11 月 29 日《国务院关于修改和废止部分行政法规的决定》第二次修订，根据 2023 年 7 月 20 日《国务院关于修改和废止部分行政法规的决定》第三次修订。该条例分为总则、认证机构、认证、认可、监督管理、法律责任、附则，共七章七十七条。"总则"明确制定条例的目的，界定"认证"和"认可"，认证认可活动应当遵循客观独立、公正公开、诚实信用的原则。"认证机构"指出，未经批准，任何单位和个人不得从事认证活动；规定取得认证机构资质应当符合的条件及申请和批准程序；明确提出境外认证机构在中国境内设立代表机构，须向市场监督管理部门依法办理登记手续后，方可从事与所从属机构的业务范围相关的推广活动，不得从事认证活动；认证机构不得与行政机关存在利益关系。"认证"制定了认证机构活动、认证证书使用的规范，对列入目录产品的认证做出了专门规定；认证机构应当公开认证基本规范、认证规则、收费标准等信息；认证机构及其认证人员应当及时做出认证结论，并保证认证结论的客观、真实。"认可"对认可机构及其人员的活动做出了规范。"监督管理"明确国务院认证认可监督管理部门和地方认证监督管理部门的职责、权限，规定任何单位和个人对认证认可违法行为，有权向国务院认证认可监督管理部门和地方认证监督管理部门举报。"法律法规"规定了对各种认证认可违法活动的处罚办法。"附则"规定本条例自 2003 年 11 月 1 日起施行等内容。

四、《食用农产品市场销售质量安全监督管理办法》

《食用农产品市场销售质量安全监督管理办法》是为了规范食用农产品市场销售行为，加强食用农产品市场销售质量安全监督管理，保障食用农产品质量安全，根据《食品安全法》《农产品质量安全法》《食品安全法实施条例》等法律法规，制定的办法。新修订的《农产品质量安全法》，对食用农产品市场销售提出了新的要求。为了衔接落实法律有关要求，国家市场监督管理总局组织对原办法进行修订，进一步规范食用农产品市场销售行为，保障食用农产品质量安全。

2023 年 6 月 30 日，国家市场监督管理总局公布《食用农产品市场销售质量安全监督管理办法》，自 2023 年 12 月 1 日起施行。2016 年 1 月 5 日国家食品药品监督管理总局公布的《食用农产品市场销售质量安全监督管理办法》同时废止。主要修订了以下内容：

（一）衔接落实法律法规要求

根据《农产品质量安全法》有关规定，将承诺达标合格证列为采购食用农产品的有效凭证之一，并鼓励优先采购带证的食用农产品；落实新修订《食品安全法实施条例》中食品安全管理人员培训和考核、委托贮存和运输、集中交易市场开办者报告等规定。

（二）强化市场开办者和销售者食品安全责任

规定集中交易市场开办者履行入场销售者登记建档、签订协议、入场查验、场内检查、信息公示、食品安全违法行为制止及报告、食品安全事故处置、投诉举报处置等管理义务，规定食用农产品销售者履行进货查验、定期检查、标示信息等主体责任；对鲜切果蔬等即食食用农产品明确提出做好食品安全防护等相关要求；对群众反映"生鲜灯"误导消费者问题，增加对销售场所照明等设施的设置和使用要求。

（三）完善法律责任

结合食用农产品市场销售以个体散户为主的突出特点，按照"警示为主，拒不改正再处罚"的基本原则设置法律责任，将部分条款的罚款起点适度下调。

五、《有机产品认证管理办法》

《有机产品认证管理办法》于 2013 年 11 月 15 日国家质量监督检验检疫总局令第 155 号公布，根据 2015 年 8 月 25 日国家质量监督检验检疫总局令第 166 号第一次修订，根据 2022 年 9 月 29 日国家市场监督管理总局令第 61 号第二次修订。该管理办法包括七章，内容涵盖总则、认证实施、有机产品进口、认证证书和认证标志、监督管理、罚则和附则。该管理办法规定了有机产品认证的相关管理制度，包括有机产品认证检查员的注册，有机产品认证机构的审批，以及有机产品进出口、认证监督检查、国际互认，等等。

《有机产品认证管理办法》是为了维护消费者、生产者和销售者合法权益，进一步提高有机产品质量，加强有机产品认证管理，促进生态环境保护和可持续发展，根据《产品质量法》《中华人民共和国进出口商品检验法》《认证认可条例》等法律、法规的规定，而制定的管理办法。

相关案例：2023年4月6日，某市市场监督管理局某分局依法对某食品店开展执法检查，对当事人经营的速冻产品某品牌烤香肠（肉灌肠类）进行委托抽检。检验结果显示，肉肠中蛋白质含量为6.85克/100克，低于其产品外包装标识的执行标准SB/T 10279（普通级）蛋白质标准指标≥10克/100克的要求，检验结论为不合格。当事人销售与标签、说明书的内容不符的食品的行为违反了《食品安全法》第七十一条的规定。2023年7月26日，分局依据《食品安全法》第一百二十五条的规定，责令当事人立即改正违法行为，做出没收违法所得6 320元，罚款28 500元的行政处罚。

本案是规范食品标签标识的典型案例。市场监管部门将持续深入排查食品标签标识存在的问题，强化食品标签标识监督管理，督促食品生产经营企业提升守法意识、诚信意识，维护广大消费者的合法权益。

知识拓展

法律法规要点解读　　食品安全法　　食用农产品市场销售质量安全监督管理办法

项目二　农产品质量安全标准体系

任务一　农产品质量安全标准体系概况

一、农产品质量安全标准现状

农产品质量安全标准指规定农产品固有质量和安全要求的标准。固有质量要求包括外观与内在品质，如营养成分、色香味及加工包装等方面；安全要求包括农兽药残留、重金属污染等对人体、动植物及环境产生危害的因素或潜在危害因素。《农产品质量安全法》对农产品质量安全标准的性质、制定和实施主体进行了明确规定，提出国家要建立健全农产品质量安全标准体系；《食品安全法》对现行的食用农产品质量安全标准、食品卫生标准、食品质量标准和有关食品的行业标准中强制执行的标准予以整合。当前我国农产品质量安全标准以强化农兽药残留标准制定为重点，逐步完善农产品质量安全监管技术仲裁基础，以绿色食品、有机农产品和农产品地理标志质量认证标准为引领，推进品牌发展，以健全现代农业产业技术体系为核心，推进农业标准化生产。

我国农业标准覆盖范围不断扩大，标准体系不断完善，基本满足产业发展和安全监管需要，但同时暴露出一些问题。因此，要根据风险评估结果，合理参照国际上的相关标准，并根据我国产业情况和人民饮食消费结构综合权衡，通过合理整合，完善相关管理制度，加快健全标准体系，加强科普宣传，切实提高标准修订水平，为把好农产品质量安全关提供依据和支撑。

二、农产品质量安全标准主要内容

（一）相关概念

实现农业标准化是实现农产品质量安全的前提。必须了解标准、标准化、农产品质量安全标准等常识。

1. 标准

标准是人们对科学、技术和经济领域中重复出现的事物和概念，结合生产实践，经过论证、优化，由有关各方充分协调后，对活动或其结果规定的共同的和重复使用的规则、导则或特性的文件。该文件经协商一致制定并经公认机构批准。标准随着科

学技术的发展和生产经验的总结而产生和发展。标准应以科学、技术和经验的综合成果为基础，以促进最佳社会效益为目的。

2. 标准化

标准化是为在一定的范围内获得最佳秩序，对实际的或潜在的问题制定共同的和重复使用的规则、导则或特性的文件的活动。标准化的实质是通过制定、发布和实施标准，达到统一。标准化的目的是获得最佳秩序和社会效益。标准化包括制定、发布及实施标准的过程。标准化的重要意义是改进产品、过程和服务的适用性，防止贸易壁垒，促进技术合作。

对于农产品加工企业来说，标准化是组织现代化生产的重要手段，是企业管理的重要组成部分，对产品质量和生产效率的提高具有重要意义。对于国家来说，实现标准化是国家经济建设和社会发展的重要基础工作，搞好标准化工作，对加快发展国民经济，提高劳动生产率，有效利用资源，保护环境，维护人民身体健康都有重要作用。

农业标准化是指以农业为对象的标准化活动。它根据统一、简化、协调、优选的原则，对农业产前、产中、产后全过程，通过制定标准和实施标准，促进先进的农业科技成果和经验较快地得到推广应用。在关键的生产环节有了保障后，再辅以完善的种苗供应、技术服务和产品销售网络，农产品的产量和质量就有了保证，农业生产和经营的现代化和产业化就有了基础，效益也就有了保证。农业标准化包括种植业标准化、林业标准化、畜牧业标准化、水产业标准化和农业综合标准化。农业标准化的对象主要有农产品及种子的品种、规格、质量、等级、安全、卫生要求，试验、检验、包装、储存、运输、使用方法，生产技术、管理技术、术语、符号、代号，等等。实现农产品质量安全的活动是农业标准化的核心内容。

随着贸易的国际化，标准也日趋国际化。标准国际化，是指为了适应世界经济发展潮流，更有利于参与国际竞争，各国在制定标准时都尽可能采用国际标准，或大多数国家认可的发达国家标准。以国际标准为基础制定本国标准，已成为世界贸易组织对各成员国的要求，也是发展中国家改变落后状况的内在要求。国际标准化是在国际范围内由众多国家、团体共同参与开展的标准化活动。国际标准化已成为世界经济发展中不可逆转的趋势。农产品、食品是全人类生存的第一需要，农产品质量安全已逐步成为全人类的共识，各国正努力实现农产品、食品质量安全标准国际化。

3. 标准体系

标准体系是指与实现某一特定的标准化目的有关的标准，按其内在联系，根据一些要求所形成的科学的有机整体。它是有关标准分级和标准属性的总体，反映了标准之间相互连接、相互依存、相互制约的内在联系。

4. 标准备案

标准备案是指一项标准在其发布后，负责制定标准的部门或单位，将该项标准文本及有关材料，送标准化行政主管部门及有关行政主管部门存档以备查考的活动。

5. 标准实施

标准实施是指有组织、有计划、有措施地贯彻执行标准的活动，是标准制定部门、使用部门或企业将标准规定的内容贯彻到生产、流通、使用等领域中去的过程。它是标准化工作的任务之一，也是标准化工作的目的。

6. 标准实施监督

标准实施监督是指国家行政机关对标准贯彻执行情况进行督促、检查和处理的活动。其目的是监督标准贯彻执行的效果，促进标准的贯彻，考核标准的先进性和合理性，通过标准实施的监督，随时发现标准中存在的问题，为进一步修订标准提供科学依据。

（二）标准分类

根据标准适用的范围，可分为国际标准、国家标准、区域标准、行业标准、地方标准、企业标准及国家标准化指导性技术文件。

国际标准是指国际标准化组织所制定的标准，以及国际标准化组织认可已列入《国际标准题内关键词索引》中的一些国际组织制定的标准。

国家标准是产品或服务需要在全国范围内统一的质量标准，代表了国内生产技术在某等级上的最高水平。由国务院标准化行政主管部门组织制定、颁发和实施。对需要在全国范围内统一的技术要求，应当制定国家标准。国家标准的代号为"GB"。

区域标准是由某一区域标准或标准组织制定，并公开发布的标准。

行业标准是对没有国家标准，又需要在全国某一行业范围内统一的技术标准，由国务院有关的行政主管部门制定、颁发和实施，并报国家标准化行政主管部门备案，例如 JB、QB、FZ 分别是机械、轻工、纺织的标准代号。

地方标准是由一个国家的地方部门制定并公开发布的标准。中国的地方标准是对没有国家标准和行业标准而又需要在省、自治区、直辖市范围内统一的产品安全标准，地方标准在本行政区域内适用，不得与国家标准和行业标准相抵触。国家标准、行业标准在公布实施后，相应的地方标准即行废止。中国地方标准代号由"DB"加上省、自治区、直辖市行政区划代码前两位数字表示。

企业标准，是由企事业单位自行制定、发布的标准，也是对企业范围内需要协调、统一的技术要求、管理要求和工作要求所制定的标准。中国企业标准代号用"Q"表示。

一些需要有相应的标准文件引导其发展或具有标准化价值，但尚不能制定为标准的项目，以及采用国际标准化组织、国际电工委员会及其他国际组织的技术标准的项目，可以制定国家标准化指导性技术文件，用"/Z"表示，名称为"GB/Z×××"。

根据法律的约束性，国家标准和行业标准分为强制性标准和推荐性标准。强制性标准是国家通过法律形式，明确要求对标准所规定的技术内容和要求必须知情，不允许以任何理由或方式违反、变更。强制性标准包括强制性国家标准、行业标准和地方标准。推荐性标准是指国家鼓励自愿采用的具有指导作用而又不宜强制执行的标准，标准所规定的技术内容和要求具有普遍的指导作用，允许使用单位结合自身实际情况灵活选用。

此外，根据标准的性质，可分为基础标准、技术标准、管理标准和工作标准四大类。根据标准化的对象和作用，分为产品标准、方法标准、安全标准、卫生标准、环境保护标准。

（三）标准制定

标准制定是指标准制定部门对需要制定标准的项目，编制计划，组织草拟、审批、编号、发布的活动，是标准化活动的起点，也是标准化工作的重要任务之一。

中国的国家标准制定程序分为九个阶段，包括预研阶段、立项阶段、起草阶段、征求意见阶段、审查阶段、批准阶段、发布出版阶段、复审阶段、废止阶段。

三、其他农业相关标准

（一）农业技术标准

农业技术标准是对农业标准化领域中需要协调统一的技术事项制定的标准。农业技术标准是一个大类，主要分为以下几种：

第一，根底性技术标准，是对肯定范围内的标准化对象的共性因素，如名词术语、符号代号、技术通则等做出规定，在肯定范围内作为制定其他技术标准的依据和根底，具有普遍的指导意义。

第二，生产技术标准，主要包含良种培养、繁育技术标准，农业病虫草治理及疫情疫病防治标准，以及农业生产过程中的培植（喂养）技术标准。

第三，农艺、农产品加工技术标准，是根据农业产品标准要求，对产品的加工工艺方案、工艺过程的程序、工艺的操作方法等所做的规定。农艺、农产品加工技术标准对保证和提高农产品质量，提高农产品生产附加值具有重要意义。

第四，检验检疫标准，是对农产品质量、病虫害检疫和试验方法所做的规定。

第五，设施标准，是对农村能源、水利等农业生产设施所做的技术规定。

第六，环境爱护标准，是为爱护环境和生态平衡，对农业生产的环境条件、污染物排放等方面所做的技术规定。

第七，包装、标志、储运标准。

（二）农业治理标准

农业治理标准是对农业标准化领域中需要协调统一的治理事项所制定的标准。农业治理标准内容的核心是对治理目标、治理工程、治理程序、治理方法和治理组织所做的规定。

农业治理标准是在总结已有的科学治理的成果和实践经验的根底上，运用标准化的原则和方法制定的。

（三）农业工作标准

农业工作标准是对农业企业（生产单位）生产治理范围内需要协调统一的工作事项所制定的标准。农业工作标准主要是对工作的责任、权利、范围、质量要求、程序、效果、考核方法等所制定的标准。工作标准一般包含以下内容：

工作的目的和范围；

工作的构成和程序；

工作的责任和权利；

工作的质量要求和效果；

工作的检查和考评；

与相关工作的协作和配合。

任务二　农产品质量安全追溯体系

一、我国农产品质量安全追溯体系建设现状

近年来，我国农产品由于农药残留和重金属超标等造成的食品安全问题引起了各相关部门和消费者的高度重视，也加快了农产品质量安全追溯体系建设的步伐，使我国在农产品质量安全追溯体系的制度建设、系统构架、技术研发和试点运行等方面取得了一定进展，构建农产品质量安全追溯体系已成为农产品质量安全管理的重要手段。

2016 年，为进一步提升农产品质量安全监管能力，落实生产经营主体责任，增强食用农产品消费信心，应用现代信息技术加快推进全国农产品质量安全追溯体系建设，出台了《农业部关于加快推进农产品质量安全追溯体系建设的意见》。为贯彻落实党中央、国务院决策部署，进一步提升食品安全和消费安全保障水平，推动追溯试点示范转化为制度性成果，构建长效工作机制，2019 年 5 月 31 日，商务部、工业和信息化部、农业农村部、海关总署、国家市场监督管理总局、国家中医药管理局、国家药品监督管理局联合印发了《关于协同推进肉菜中药材等重要产品信息化追溯体系建设的意见》。

农业农村部、国家市场监督管理总局等单位和各地方政府都开展了相关工作，在

制度构建和完善、试点追溯体系建设实践等方面进行了一些有益的探索。

首先，原农业部发布一系列法规、标准、规程，为追溯体系建设提供制度支撑，发布了《畜禽标识和养殖档案管理办法》《动物免疫标识管理办法》等法规和技术规程；中国物品编码中心制定了《水果、蔬菜跟踪与追溯指南》等应用指南；《良好农业规范》《饲料和食品链的可追溯性体系设计与实施的通用原则和基本要求》等系列技术标准也相继发布。其他相关部门及地方政府都出台相关法律法规，为农产品追溯体系建设构建了制度上的框架。

其次，政府非常重视追溯体系建设，连续出台政策为追溯体系建设提供政策保障。以中央一号文件的形式提出农产品质量安全追溯体系建设相关指导意见，包括健全农产品标识和可追溯制度、推进出口农产品质量追溯体系建设、健全农产品质量安全和食品安全追溯体系等。国发〔2015〕40号、国发〔2015〕50号文件更是对建立农产品追溯体系、信息互联共享等做出具体要求，为农产品追溯体系建设提供政策支持。

最后，建立了不同层次的农产品质量安全追溯系统，为追溯体系建设积累经验。在追溯体系建设的实践上，国家层面建立了中国食品（产品）安全追溯平台、国家农产品质量安全追溯管理信息平台、中国农业追溯公共服务平台等；地方政府建立的典型的农产品质量安全追溯体系，比如甘肃省农产品质量安全监管追溯系统、烟台市水产品质量追溯平台等；部分企业也参与了试点建设，为追溯体系建设积累了一定实践经验。

二、质量追溯的内容和意义

可追溯系统就是在产品供给的整个过程中，对产品的各种相关信息进行记录存储的质量保障系统。其目的是在产品出现质量问题时，可以快速有效地查询到出现问题的原料或加工环节，必要时进行产品召回，施行有针对性的惩罚措施，由此来提高产品质量。

农产品可追溯系统的三要素：

第一，按照从生产地到销售地每一个环节可互相追查的原则，建立农产品生产、经营记录档案登记制度，记录生产者，以及基地环境、农业投入品的使用、田间管理、加工、包装等信息。

第二，健全农产品编码标准，确保全程质量控制信息的传递和可追溯。建立认证产品及产地环境、投入品使用等数据库，创立农产品消费档案、产品标识卷标信息等质量安全信息录入与查询系统，形成互联互通、产销一体化的农产品质量安全追溯信息平台。

第三，加强信用制度建立，建立产地农户、消费企业、流通企业的质量安全信用警示系统，适时公布有关消费者、流通者的诚信状况，并实行失信惩罚机制。

农产品质量安全追溯系统遵循源头可追溯、流向可跟踪、信息可查询、责任可追究的理念设计，应用之后，可以扎实推进各地区的农产品质量安全追溯体系建设，确保食品安全。农产品质量安全追溯系统的六大优势具体如下：

第一，提高产品质量，促进标准化生产。农产品质量安全追溯系统，会推动诚信体系建立，促进农产品质量安全的提升，为农业的标准化、规模化和产业化提供支持。

第二，提升农业价值。好的农产品，会产生更大的产品价值，应用农产品质量安全追溯系统，提高了产品质量，增强了产品的市场竞争力。

第三，龙头企业带头辐射，引领产业升级。当前应用农产品质量安全追溯系统的主要是一些龙头企业，而通过示范应用，会逐渐带动其他生产主体主动加入农产品质量安全追溯体系建设中来，逐步优化和延伸产业链，引领产业升级。

第四，通过打造品牌，增加农民收入。以品牌促增收，是当前农业发展的重要内容之一。通过农产品质量安全追溯系统来加强监管，提升农产品质量安全，为农产品品牌打造创造了条件，而高品质的品牌产品更易获得高附加值，可以大大增加农民收入。

第五，打造安全放心农产品生产民生工程。利用农产品质量安全追溯系统，能够实现消费者扫一扫，便知道农产品的"出身"，增强消费者对农产品生产企业的信心，打造安全放心农产品生产民生工程。

第六，提升产业形象，推动产业健康发展。在农产品质量安全追溯系统的助力下，通过有效的监管，可以大大促进农产品生产企业的自身管理水平和服务质量，对提升产业形象、推动产业健康发展起到了重要的推动作用。

农产品质量安全追溯系统主要有四大功能：一是可以实现农产品安全生产管理的功能；二是可以实现农产品流通管理的功能；三是可以实现农产品质量监督管理的功能；四是可以实现农产品质量追溯的功能。除了这四大功能之外，还具有自身独特的优势，能够满足不同用户的需求。

三、质量追溯体系开展进程

我国的农产品质量安全追溯体系和国际上基本同步，进展较快。2002 年，欧盟委员会出台了〔EC〕NO. 178/2002 法规，要求从 2005 年 1 月 1 日起，但凡在欧盟国家销售的食品必须具备可追溯功能，否则不允许上市销售，不具备可追溯性的食品禁止进口。

我国 1995 年通过的《中华人民共和国食品卫生法》规定了在食品包装上要标识相关信息，但尚未提及建立市场准入机制。2009 年通过的《食品安全法》进一步明确了食品生产商的追溯义务，规定了生产商家必须建立食品进货销售档案。这是我国真正意义上第一部食品安全法。2011 年国家发展改革委员会、工业和信息化部在《食品工业"十二五"发展规划》中提出了"十二五"期间将推进食品安全可追溯体系建设，推进物联网技术的示范应用，完善食品生产企业的信息化服务体系，规定乳粉、肉类、蔬菜等将首先推进电子追溯。近几年的中央一号文件连续对追溯体系建设做出重要部署，农产品质量安全追溯体系建设迈出新步伐。2015 年国务院办公厅出台的《关于加快推进重要产品追溯体系建设的意见》规定了流通环节中食用农产品、食品、药品经营企业执行追溯制度的操作性要求等。2016 年国家食品药品监督管理总局印发的《关于推动食品药品生产经营者完善追溯体系的意见》，就推动食品药品生产经营者完善食品药品追溯体系提出意见。2019 年国家认证认可监督管理委员会发布的《RB/T 011—2019 食品生产企业可追溯体系建立和实施技术规范》，规定了食品生产企业可追溯体系的建立、实施和测试要求，用于指导食品生产企业可追溯体系的建立、实施及食品生产企业可追溯体系的评价。

四、质量追溯体系的建立和实施

（一）有机种植追溯体系

详细地块图→生产记录→种子种苗→肥料及堆肥→防治记录→清洗记录→收获记录→贮存记录→批次号样本→购销合同及发票→双向追溯→年度物料平衡表

（二）有机养殖追溯体系

有机畜禽追溯体系的实施：动物辨识→繁殖记录→动物的购买记录→动物的有机认证→有机饲料及添加剂→动物健康记录→屠宰设施记录及票据→畜体 I. D. 标签→顾客加工报告→蛋的相关记录→批号系统→追溯性样本测试

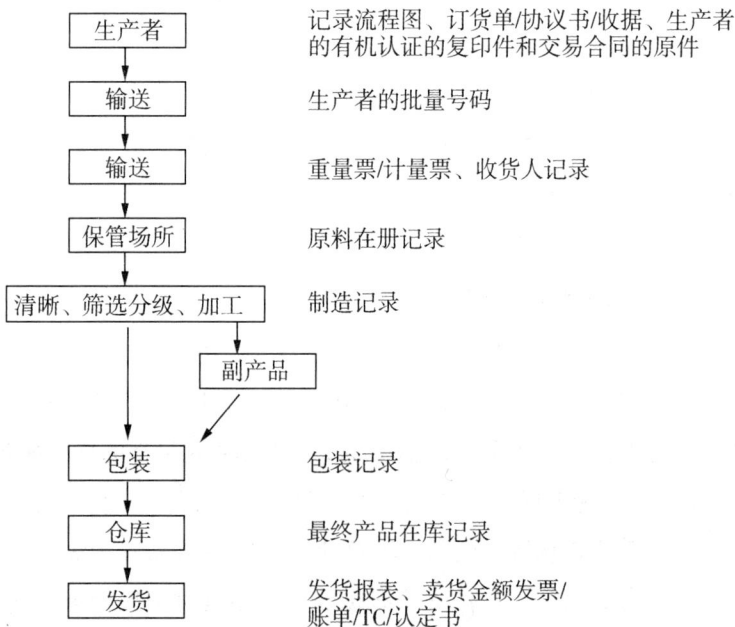

图 4.2 - 1　农产品质量追溯体系

有机水产追溯体系的实施：养殖场水域→水域使用历史记录→设备清洗记录→贮藏库清洁记录→捕捞记录→投入物质标识→物质投入记录→运输工具清洗记录→贮藏记录→运输记录→宰杀记录→运输时的提货单→购买投入物质→销售记录销售发票→申诉/投诉记录→产品召回记录→平行生产管理记录→生产批号系统

（三）有机加工质量追溯体系

从原料到成品销售出场各阶段的记录体系，通常的记录表单包括：供应商评价记录、原材料认证及检验记录、采购订单或合同、原材料运输的验收记录、原材料出入库及库存记录、生产记录或工艺流程单、生产报表、车间和设备清洗记录、个人卫生记录、平行生产控制记录、有害生物控制记录、包装记录、有机产品标签使用记录、成品出入库记录、运输记录、销售记录等。此外，还包括原料和产品的批号系统（标号规则和含义）、从终端产品向前追索检查的结果、评价记录系统和批号系统的有效性和可追索性。

五、我国农产品质量安全追溯体系存在的问题

我国农产品质量安全追溯体系建设，目前仍处于初创时期，没有形成一个广域覆盖的成熟模式。

第一，追溯信息的完整性、真实性难以保证。农产品质量安全追溯体系的源头和基础是采集录入完整、真实的农产品生产加工信息，建立农产品生产记录制度，充分记录和保存农产品生产源头的质量安全信息。但是，现阶段以农户为主的信息记录者整体素质较低，源头数据的质量难以保证。同时，不排除主观故意录入虚假信息的可能，特别是关键性的农产品休药期、用药安全间隔期、违禁投入品使用等敏感信息，完全靠生产主体的自觉自律。

第二，社会信任度偏低。农产品质量安全追溯体系建设的目标是要得到社会的信任，消费者对可追溯农产品产品标签所携带信息的认知水平和信任程度普遍偏低。部分企业造假以及社会上虚假广告的泛滥，使得消费者对可追溯信息的真实性产生怀疑，造成消费者的信任危机。

第三，低素质、小规模的追溯主体多导致追溯成本较高。企业要实现农产品质量安全可追溯，必须要配备相应的硬件及软件。建立追溯平台，购置相应的信息采集和标签打印等专用设备，制作并使用农产品质量追溯标签，同时对参与实施的生产、经营和管理人员进行专项培训，所以投入成本相当高。当前我国初级农产品的生产以农户和小规模家庭农场为主，规模小，标准化水平较低，而且农产品生产从业人员的文化素质普遍不高。低素质、小规模的经营主体多，导致农产品质量安全追溯的组织成本高，运作难度大，最终导致我国农产品质量安全追溯的总成本偏高。

第四，主体参与意识不强。近年来，随着工业化、城镇化的推进，农民土地有集中经营的趋势，文化素质相对较低的经营主体对新事物的认知比较迟钝，增加了农产

品质量安全追溯体系建设的成本和难度。另外，大多数农产品生产者及农产品消费者，对农产品质量追溯体系的认识不足，参与追溯的农产品得不到消费者普遍认同，导致生产者、经营者等积极性不高，参与意愿不强。

六、完善质量追溯体系建设

《食品安全法》规定国家对列入农产品质量安全追溯目录的农产品实施追溯管理。国务院农业农村主管部门应当会同国务院市场监督管理等部门建立农产品质量安全追溯协作机制。农产品质量安全追溯管理办法和追溯目录由国务院农业农村主管部门会同国务院市场监督管理等部门制定。国家鼓励具备信息化条件的农产品生产经营者采用现代信息技术手段采集、留存生产记录、购销记录等生产经营信息。为进一步推进我国农产品追溯体系建设，加快与国际接轨，政府必须发挥重要作用，加大对可追溯农产品的监测与监督抽查，科学引导消费者选择获得国家认证的质量可追溯的安全农产品，引导农产品经营企业自行建立适应本企业发展的可追溯体系。

完善农产品质量安全追溯制度体系。加快出台追溯管理地方性法律法规，因地制宜制定地方追溯制度和标准，推动追溯管理法制化、规范化。严格农产品质量安全监管，强化基层农产品质量安全执法监管队伍建设，提升监管能力水平，促进法律法规制度落实落地。积极探索农产品质量安全追溯可行的路径，按照分类推进、分步实施要求，率先将规模农产品生产经营主体和绿色有机产品、地理标志产品等农产品质量认证标识农产品纳入农产品质量安全追溯管理，分散小农户采用承诺合格证的方式逐步实现全覆盖。

培育壮大农产品质量追溯体系主体，扎实推进追溯体系建设。推进和完善农产品质量追溯体系，离不开农产品生产主体的积极参与，选准好的切入点能起到事半功倍的效果。我国现有覆盖全国40%以上农户，数量近150万家的农民合作社，以及100多万家家庭农场，有农业龙头企业10多万家，全国"三品一标"认证涉及企业近4万家，认证产品年产量已占同类农产品商品量的40%以上。因此，建议首先以这些先进生产主体为突破口，加大对经营者的培训力度，鼓励和引导家庭农场、合作社和公司组成共同体，鼓励合作社之间组成合作联合社，不断壮大和提高企业自身实力；在此基础之上，优先把实力较强的、获得产品认证的、社会诚信度高的企业纳入追溯试点，积累经验，形成示范效应。另外，政府要加大政策、资金的扶持力度，创新扶持方式，增强企业"造血"功能，使企业形成良性循环，最终靠市场来带动农产品质量追溯体系的建设。

引入社会监督机制，激励企业创建品牌效应。政府在建设和运行追溯平台时，可凭借政府的公信力，将追溯农产品置于全社会的监督之下，对可追溯农产品质量实行严格抽检，并"透明化"操作，实现社会共治；鼓励企业创建自己的品牌，通过品牌效应获得消费者的认可从而获取市场溢价；加大宣传，积极引导消费者认识追溯标识码，认可追溯标识码带来的安全信号。通过市场的评判、社会的监督和政府的监管，提高消费者对农产品质量安全的信心。

加大对可追溯农产品的监督管理，保障追溯信息完整真实。在整个农产品生产供应链中，政府在每一个环节都要全程参与、严格监管。相关管理部门必须加大对可追溯农产品的例行监测与监督抽查，对投入品的产前监管尤为必要。对农产品生产环节的投入品使用、生产记录档案管理要创新模式，除例行检查外，在倡导自律的基础上可利用合作社社员之间的利益相关性，实现相互监督。同时要完善法律条款，加大对追溯产品虚假信息的处罚力度，确保追溯信息的科学、完整、真实。

健全农产品质量安全追溯标准体系。探索制定农产品分类、编码标识、平台运行、数据格式、接口规范等关键标准，统一构建形成覆盖基础数据、应用支撑、数据交换、网络安全、业务应用等类别的追溯标准体系，实现全省农产品质量安全追溯管理统一追溯模式、统一业务流程、统一编码规则、统一信息采集。对于已建立追溯平台的农业企业，积极对接省级农产品质量安全追溯平台，逐步实现数据交换与信息共享机制。加快实现省级农产品质量安全追溯平台与国家农产品质量安全追溯平台的有效对接，赋予农产品质量安全监管机构、检测机构、执法机构和农产品生产经营主体使用权限，及时采集主体管理、产品流向、监管检测和公众评价投诉等相关信息，逐步建立高度开放、覆盖全省、共享共用、通查通识的全省农产品质量安全追溯体系。

加大投入、创新机制，实现农产品追溯体系广域覆盖。由于农产品追溯体系建设投入成本高，低附加值的农产品生产者对于新增加费用的承受力较低，因此，需要政府在基础设备、技术研发、末端应用等方面做先期投入。政府投资建立广域追溯平台，统一国家标准。广泛宣传，让企业看到追溯农产品广阔的市场前景，使农产品溯源得到普及。随着应用量的增加，各种设备和耗品的成本也会相应下降，终将形成农产品追溯体系的广域覆盖。

相关网站

国家农产品质量安全追溯管理信息平台。

任务三 农产品质量安全检验监测体系

农产品质量安全检验监测体系是一个涉及多个领域的复杂系统，主要包括食品安全检测、质量控制和风险评估等环节。该体系的建立旨在保障农产品的安全性，保护消费者权益，并促进农业产业的健康发展。

食品安全检测是农产品质量安全检验监测体系的重要组成部分。它包括对残留农药、重金属、微生物等有害物质的检测。通过食品检测，可以及时发现并消除农产品中存在的安全隐患，从而确保食品安全。

质量控制则是农产品质量安全检验监测体系的一个关键环节。质量控制主要是对农产品的生产、加工、储存和运输等过程进行监管，确保其符合国家或行业标准。此外，还需要对农产品的标签、包装和标识等进行检查，以保证消费者的知情权。

风险评估是农产品质量安全检验监测体系中的重要环节。通过对农产品中可能存在的有害物质的风险评估，可以预测和预防潜在的食品安全问题。同时，风险评估还可以为制定合理的食品安全标准提供科学依据。

农产品质量安全检验监测体系的建立需要多方面的共同努力。政府部门负责制定相应的法律法规和标准，并对其进行有效的监督和管理。企业应承担起社会责任，严格遵守相关法规和标准，保障农产品质量安全。现代科学技术则在农产品质量安全检验监测体系中起到至关重要的作用。现代科学技术的应用，如生物技术、信息技术和纳米技术等，可以帮助提高检测精度和效率，降低误判率，从而更好地保障农产品的质量安全。

一、指导思想、原则及目标

农业农村部门监测食用农产品从种植、养殖到进入批发、零售市场或生产加工企业前环节，采用危害分析与关键控制点技术，通过风险分析、投入品监测、执法和重点监测等措施，以农业检测体系为支撑，建立农业生产标准化、监测网格化、体系一体化和模式信息化的农产品质量安全监测体系。

（一）指导思想

为保障农业行政管理部门依法实施农产品质量安全监管，推进城乡一体的农业公共服务体系建设，夯实农业产业基础的落脚点，依据农牧渔各行业并重、产区检测与销区检测衔接、国内市场与国际市场兼顾的质量控制思想，建设产地环境、投入品和农产品全面监控的农业质检体系，提升农产品质量安全监管水平，增强农业产业竞争力，确保城乡居民农产品消费安全。

（二）建设原则

1. 统筹布局，明确功能

按照各级政府履行农产品质量安全监管职责的需求，明确各级质检机构的功能定位，构建以部级质检中心为龙头、省级综合质检中心为骨干、地（市）级综合质检中心和县级综合质检站为基础的农产品质检体系，确保各层级有机衔接、相互补充。

2. 因地制宜，区别对待

我国地域辽阔，东部和西部地区的农业生产特点、经济发展水平、建设条件、技术力量及社会需求等差异大，要根据不同地区的实际情况，因地制宜确定不同地区的农产品质检中心（站）的建设方案和具体建设内容，确保符合当地农业生产特点和农产品质量安全监管的需要。

3. 填平补齐，兼顾产销

根据《农产品质量安全法》和《食品安全法》对农业部门农产品质量安全监管和风险检测的新要求，不断提高基层部门风险检测、信息预警、科研服务、市场准入等农产品质量安全检验检测体系的能力，加强基层产区的技术保障和城市销区的监管能力。

4. 综合建设，强化基层

优化配置公共资源，整合分散于农牧渔各行业的检验检测资源，实现各环节检测的相互衔接与工作协同。增强基层农产品质量安全公共服务能力，增加地（市）级综合质检机构，完善县级农产品综合质检站检测功能。

（三）建设目标

按照全国农产品质量安全检测监测体系建设的总体思路和原则，建成部级检测机构为龙头、省级检测机构为骨干、市县级检测机构为基础的农产品质量安全检验检测体系，保障农产品质量安全。各级农业农村部门按照《中共中央、国务院关于深化改革加强食品安全工作的意见》要求，落实各级农产品检验机构能力和装备配备标准，保障工作条件。加强基层农产品检测机构能力建设，推动地方政府加强基层检测机构体系队伍建设，更好地适应农产品质量安全工作的需要。

目前，监测网络基本覆盖了全国主要大中城市和农产品产区、城乡居民主要消费品种。农产品质量常态化监测合格率连续多年达到97%以上。农产品质量安全监管工作的主阵地在广大乡村，越是基层任务越重，市、县两级农产品质量安全检测机构能力建设尤为重要。在布局上，农业农村部支持各地因地制宜加快整合本地区本系统的农产品、投入品、产地环境等检验检测机构，建立农业农村部门用得上、靠得住的基层综合性农产品质量安全检验检测机构，培育跨行政区域、特色鲜明的农产品质量安全检验检测机构，形成定位明确、分工协作、优势互补、体系严密的工作格局。在能力提升上，面向市县两级检测机构，每三年举办全国农产品质量安全检测技能竞赛，通过选拔优秀选手，引导激励各地加强岗位练兵和技术培训。组织开展部县农产品检测机构结对帮扶，通过上门培训、实地调训、观摩学习、培训交流等方式，提高基层农产品检测人员的业务素质和操作技能。

2022年，农业农村部印发《"十四五"全国农产品质量安全提升规划》，指导地方针对检测机构仪器精度低、配套数量不足、设备老化等问题，对检测需要的关键性仪器设备进行扩展补充，达到与监管工作需求相匹配。同时，组织开展县级农产品质量安全检测机构能力提升三年行动，通过全覆盖培训、技术指导、骨干培养等措施，提高基层检测机构获得法定资质的比例。强化检测人员能力素质，不断提升基层农产品检测机构能力水平。

二、检测机构功能定位

检测机构包括部级质量安全研究中心、部级专业质检中心、省级质检中心、地（市）级综合质检中心和县（场）级综合质检站，全国农产品质量安全检测信息预警平台，以及覆盖我国主要产区、重点农产品、关键危害因子的农产品质量安全风险检测与预警网络体系。

表 4.2-1　部、省、地、县各级质检中心功能定位和布局

	名称	功能定位
部级	部级质量安全研究中心	主要开展农产品质量安全检测技术和标准开发、风险监测分析评估以及为政府监测信息预警和决策提供技术支持。负责建立全国农产品质量安全监测信息预警平台。技术能力和仪器设备条件均达到全国最高水平。
	部级专业质检中心	承担对某一种类或带有区域特点的农产品或农业投入品风险隐患检测分析，专业领域内的检测技术标准研究和推广，应急事件处置等。技术能力和仪器设备条件均达到专业领域内一流水平。
省级	省级质检中心	主要承担省（区、市）辖范围内的农产品质量安全风险监测，开展仲裁检测，承担对辖区内各级检测机构提供技术支持和指导工作。负责建立省级监测信息预警子系统，承担省辖范围内预警信息搜集汇总分析并与全国监测信息预警平台联网共享等工作。
地市级	地（市）级综合质检中心	主要侧重于所辖区域内涉及农产品消费安全的市场抽检、监督抽查执法检测、复检和县以下检测机构的技术指导；承担上级主管部门下达的农产品质量安全监测、监督抽查任务；承担辖区内农业生产组织、农产品流通组织的检测技术支持；承担当地农产品质量安全突发事件中应急检测任务。
县级	县（场）级综合质检站	主要承担所辖县域的产地检测，且具备快速检测和反应能力。

三、各级农产品质量安全检验检测机构建设标准

全国农产品质检体系建设主要包括仪器设备和实验室条件。各级农产品质检机构的工作需要坚持先进、实用、配套的原则，配置部分高精密仪器设备，使精度和量程能够满足新形势监管的需要。

表 4.2-2　各级农产品质量安全检验检测机构建设标准

机构名称	研究能力	检测（研究）范围	实验条件	检测能力	检测水平
部级质量安全研究中心	技术方法研究能力达到国际同类研究机构水平。	农产品技术方法研究，构筑资源共享、信息沟通平台。	国际同类研究机构的实验条件和水平。		农产品技术方法研究领域国内权威，与国际接轨。

（续表）

机构名称	研究能力	检测（研究）范围	实验条件	检测能力	检测水平
部级专业质检中心	专业范围内达到国际同类先进水平，负责专业性技术研发和标准值修订，参与相关综合性研究。	全国专业性农产品质量安全普查和风险评估，重大事故、纠纷的调查、鉴定和评价，认证检验、仲裁检验。	专业范围内国内先进、国际同类检验检测机构的实验条件和水平。	专业领域检测技术研发能力，突发事件应急处理能力，国际争端的调研能力，确证能力，国内权威，双边、多边国际认证。	专业范围内，检测水平国内权威，与国际接轨，检测限、准确度达到发达国家中上水平。
部级区域中心	参与相关专业性研究。	区域内优势农产品安全普查和风险评估，重大事故、纠纷的调查、鉴定和评价。	国内先进水平。	优势农产品全过程质量安全检测能力、批量检测能力、现场速测能力，定性、定量能力。	满足区域优势农产品国家标准、行业标准及主要贸易国的需要。
省级综合中心	参与相关综合性及专业性研究。	省域内农业投入品、农业生产环境质量安全评价，综合优势农产品安全普查和风险评估，重大事故、纠纷的调查、鉴定和评价，市场准入性检验。	国内先进水平，省域内大型及超大型高精密仪器设备共用技术平台。	省域内综合优势农产品全过程检测能力、确证检测能力，定性、定量能力。	满足省域内综合优势农产品国家标准、行业标准及主要贸易国的需要。
县级质检站		县域内农产品及环境采样、样品前处理、常规检验。	平均实验室面积300平方米，重点配备速测和农业生产环境监控所需的基本仪器设备。	准确定性速测能力、流动检测能力、批量检测能力。	满足国家标准、行业标准、地方标准常规检验检测需要。

四、完善农产品质量安全监测体系建设

我国已经出台了与农产品质量安全监测工作相关的法律法规，建立了农产品质量安全监督检查管理机构，通过定期的检查管理，对农产品的安全生产工作进行实时的监督管控。但是在实际的监督管理工作中，仍存在因缺少专业的检测管理人员和专项

的检测管理设备，检测结果不符合实际要求的情况。

（一）健全监测体系

从田间到餐桌的农产品质量安全监测是一个系统的、开放的且复杂的过程，农业部门必须与相关部门协调配合，加快职能转变，形成专职监测队伍，切实提高监测能力。各地应设立农产品质量安全监测机构，在基层设立农产品质量安全监测站，配备农产品质量安全协管员，在企业内配备内检员，明确工作职责，推进农产品质量安全队伍建设规范化、专业化，总体形成农产品质量安全监测网络，实现农产品质量安全监测服务无盲区。设立农产品质量安全检测机构，通过检验检测机构开展资质认定、考核认证等工作，按计划分期分批开展例行监测工作，对检测结果分析汇总，并进行风险评估，为农产品质量安全监测提供技术支撑。

（二）建立监测机制

制定农产品质量安全例行监测方案和农产品质量安全监督抽查工作方案，不定期组织开展农产品质量安全例行监测工作。强化日常监测，开展日常巡查检查、采集样品和技术指导等，对监测名录主体巡查检查全覆盖，增加对高风险等级的农产品生产经营主体的检查频次，加大巡查抽检力度，保障农产品安全上市。定期或不定期公开抽查结果、风险监测情况、农业投入品抽检信息和农产品质量安全巡查检查情况等。

（三）完善监测制度

完善农产品质量安全法律法规、标准，并加强农产品质量安全的监督检查等。建立农产品产地环境管理制度、农产品包装标识管理制度、农产品质量安全突发事件应对制度、农业投入品监测制度、农产品生产过程管控制度、农产品收购储运过程监测制度和农村食品小作坊管理制度等农产品质量安全监测基本制度，完善农产品质量安全监测工作制度机制建设。充分发挥农业生产主体自律、协会协助、社会监督、农业部门监测和检测机构保障等作用。

知 识 拓 展

农产品质量安全
监测管理办法

国家农产品质量安全
监督抽查主要程序
与方法

食品安全典型案例

评价反馈

（一）知识点检测

1. 为了完成农产品质量安全标准体系的学习任务，你都做了哪些准备？查找了哪些资料？

2. 运用所学知识，挑选我国农产品质量安全标准中你最感兴趣的一项，进行有关内容的搜集整理：

（1）它们的内容或组成是什么？

（2）它们的建设现状及功能发挥如何？

（3）如何为你的生产实践提供帮助？

3. 运用所学的知识，挑选我国农产品质量安全追溯体系中你最感兴趣的一项，进行有关内容的搜集整理或从相关法律法规的角度进行安全事故的案例分析。

4. 为了完成农产品质量安全检验监管体系的学习任务，你都做了哪些准备？查找了哪些资料？

5. 选择题：

（1）农产品质量安全标准应当根据（　　）发展水平及农产品质量安全的需要，及时修订。

A. 科学技术　　　　　　　　B. 农业生产

C. 生产技术　　　　　　　　D. 基础建设

（2）进口的农产品必须按照国家规定的（　　）进行检验；其未制定之前，可以参照国外有关标准进行检验。

A. 食品质量安全标准　　　　B. 卫生质量标准

C. 农产品质量安全标准　　　D. 食品卫生法

（3）由国家建立健全的农产品质量安全标准是（　　）的技术规范。

A. 强制性　　　B. 自愿性　　　C. 科学性　　　D. 民主性

（4）在进行质量检测的过程中，发生重大农产品质量安全事故时，农业行政主管部门应当及时通报同级（　　）管理部门。

A. 食品药品监督　　　　　　B. 食品监督

C. 药品监督　　　　　　　　D. 工商

（5）县级以上农业主管部门负责（　　）的农产品质量安全监督管理。

A. 消费环节　　　B. 流通环节　　　C. 加工环节　　　D. 生产环节

（6）国务院农业行政主管部门应当设立由有关方面专家组成的（　　），对可能影响农产品质量安全的潜在危害进行风险分析与评估。

A. 专业委员会   B. 农产品质量安全风险评估专家委员会

C. 评审委员会   D. 质量评估委员会

6. 论述题：

（1）为什么销售的农产品必须符合农产品质量安全标准？

（2）农产品质量出现安全问题应该如何进行申投诉？

7. 案例分析：结合知识拓展中的案例资源，分析目前我国食品安全管理体系建设现状。

8. 通过自学、讨论和调研，你有什么收获？

（二）小组评价

从学习态度、学习方法、团队合作和学习能力的提升等方面评价。

评价项目	评价情况
与其他同学口头交流学习内容是否流畅	
是否尊重他人	
学习态度是否积极主动	
是否服从教师的教学安排	
能否正确理解有关概念和内涵	
是否掌握质量安全标准的学习使用方法	
能否结合本单位生产实践制定所需标准一览表	
能否结合生产实践认识总结体系建设现状	
是否有工作岗位责任心	
是否遵守学习场所的规章制度	
团队学习中主动与合作的情况如何	

（三）综合评价

1. 教师评价

（1）对整个学习内容的小结归纳

（2）对学生学习过程的总体评价

2. 学生评价

（1）对教师授课效果的评价

（2）对自己学习效果的评价

参考文献

［1］张云清，张乐，王芳，等．无公害农产品发展机制探索研究［J］．食品安全质量检测学报，2019（23）：151－156．

［2］金发忠．农产品质量安全概论［M］．北京：中国农业出版社，2007．

［3］樊红平，白玲，牟少飞，等．欧美良好农业规范（GAP）比较及对中国的启示［J］．世界农业，2007（2）：30－32．

［4］樊红平，牟少飞，叶志华．美国农产品质量安全认证体系及对中国的启示［J］．世界农业，2007（9）：39－42．

［5］王国强，梅星星．食用农产品质量安全问题外部环境探析［J］．农产品质量与安全，2015（6）：47－51．

［6］李文鞠．蚌埠市农产品质量安全检测工作现状及建议［J］．现代农业科技，2010（1）：346．

［7］黄阳成，翁春英，李翔，等．柳州市农产品质量安全检测体系现状与完善对策［J］．广西农学报，2007（S1）：65－66．

［8］陈红金．浙江省农产品质量安全检测体系建设现状及发展对策［J］．农业质量标准，2007（3）：32－33．

［9］韦启光，韦婷娟，韦流宜，等．广西柳江县农产品质量安全检测体系现状与发展对策［J］．中国农村小康科技，2008（7）：16－18．

［10］莫平，苏伟，朱建宇，等．桃江县农产品质量安全现状与发展对策［J］．湖南农业科学，2011（12）：43－45．

［11］唐云华，罗云波．建设食品安全追溯信息化系统的技术方案研究［J］．食品科技，2009，34（4）：266－268．

［12］李琳娜，陈文，宋怿，等．水产品质量安全及溯源系统的建立与应用［J］．中国水产，2009（3）：11－13．

［13］周大森，郑晓冬，宋烨．我国农产品追溯服务发展现状及对策［J］．中国果菜，2020（3）：38－43．

［14］李春艳．农畜产品质量安全监管检测存在的问题及对策建议［J］．现代农业，2020（2）：80．

[15] 张静，张秀芳. 农产品质量安全追溯体系建设现状与对策研究 [J]. 当代经济，2019（8）：113 – 115.

[16] 杨国霞. 大力推进农业标准化切实提高农产品质量——天祝县农产品质量安全工作调研 [J]. 甘肃农业，2012（1）：56 – 57.

[17] 张建锋，董照锋，李琳. 山阳县农产品质量安全与农业标准化的思考 [J]. 黑龙江农业科学，2017（4）：96 – 99.

[18] 于冷. 对政府推进实施农业标准化的分析 [J]. 农业经济问题，2007（9）：29 – 34.

[19] 王芳，陈松，樊红平，等. 农户实施农业标准化生产行为的理论与实证分析——以河南为例 [J]. 农业经济问题，2007（12）：75 – 79.

[20] 李增福. 政府推动农业标准化的职能定位 [J]. 经济问题，2007（12）：78 – 80.

[21] 单宝. 以农业标准化战略提升我国出口农产品竞争力 [J]. 科技管理研究，2007（12）：225 – 228.

[22] 刘旭. 加强农产品质量安全科技创新促进现代农业发展 [C]. 农产品质量安全与现代农业发展专家论坛论文集，2011：9 – 14.

附录一
中华人民共和国农产品质量安全法

目　录

第一章　总　则

第一条　为了保障农产品质量安全，维护公众健康，促进农业和农村经济发展，制定本法。

第二条　本法所称农产品，是指来源于种植业、林业、畜牧业和渔业等的初级产品，即在农业活动中获得的植物、动物、微生物及其产品。

本法所称农产品质量安全，是指农产品质量达到农产品质量安全标准，符合保障人的健康、安全的要求。

第三条　与农产品质量安全有关的农产品生产经营及其监督管理活动，适用本法。

《中华人民共和国食品安全法》对食用农产品的市场销售、有关质量安全标准的制定、有关安全信息的公布和农业投入品已经作出规定的，应当遵守其规定。

第四条　国家加强农产品质量安全工作，实行源头治理、风险管理、全程控制，建立科学、严格的监督管理制度，构建协同、高效的社会共治体系。

第五条　国务院农业农村主管部门、市场监督管理部门依照本法和规定的职责，对农产品质量安全实施监督管理。

国务院其他有关部门依照本法和规定的职责承担农产品质量安全的有关工作。

第六条　县级以上地方人民政府对本行政区域的农产品质量安全工作负责，统一领导、组织、协调本行政区域的农产品质量安全工作，建立健全农产品质量安全工作机制，提高农产品质量安全水平。

县级以上地方人民政府应当依照本法和有关规定，确定本级农业农村主管部门、市场监督管理部门和其他有关部门的农产品质量安全监督管理工作职责。各有关部门在职责范围内负责本行政区域的农产品质量安全监督管理工作。

乡镇人民政府应当落实农产品质量安全监督管理责任，协助上级人民政府及其有关部门做好农产品质量安全监督管理工作。

第七条　农产品生产经营者应当对其生产经营的农产品质量安全负责。

农产品生产经营者应当依照法律、法规和农产品质量安全标准从事生产经营活动，诚信自律，接受社会监督，承担社会责任。

第八条　县级以上人民政府应当将农产品质量安全管理工作纳入本级国民经济和社会发展规划，所需经费列入本级预算，加强农产品质量安全监督管理能力建设。

第九条　国家引导、推广农产品标准化生产，鼓励和支持生产绿色优质农产品，禁止生产、销售不符合国家规定的农产品质量安全标准的农产品。

第十条　国家支持农产品质量安全科学技术研究，推行科学的质量安全管理方法，推广先进安全的生产技术。国家加强农产品质量安全科学技术国际交流与合作。

第十一条　各级人民政府及有关部门应当加强农产品质量安全知识的宣传，发挥基层群众性自治组织、农村集体经济组织的优势和作用，指导农产品生产经营者加强质量安全管理，保障农产品消费安全。

新闻媒体应当开展农产品质量安全法律、法规和农产品质量安全知识的公益宣传，对违法行为进行舆论监督。有关农产品质量安全的宣传报道应当真实、公正。

第十二条　农民专业合作社和农产品行业协会等应当及时为其成员提供生产技术服务，建立农产品质量安全管理制度，健全农产品质量安全控制体系，加强自律管理。

第二章　农产品质量安全风险管理和标准制定

第十三条　国家建立农产品质量安全风险监测制度。

国务院农业农村主管部门应当制定国家农产品质量安全风险监测计划，并对重点区域、重点农产品品种进行质量安全风险监测。省、自治区、直辖市人民政府农业农村主管部门应当根据国家农产品质量安全风险监测计划，结合本行政区域农产品生产经营实际，制定本行政区域的农产品质量安全风险监测实施方案，并报国务院农业农村主管部门备案。县级以上地方人民政府农业农村主管部门负责组织实施本行政区域的农产品质量安全风险监测。

县级以上人民政府市场监督管理部门和其他有关部门获知有关农产品质量安全风险信息后，应当立即核实并向同级农业农村主管部门通报。接到通报的农业农村主管部门应当及时上报。制定农产品质量安全风险监测计划、实施方案的部门应当及时研究分析，必要时进行调整。

第十四条　国家建立农产品质量安全风险评估制度。

国务院农业农村主管部门应当设立农产品质量安全风险评估专家委员会，对可能影响农产品质量安全的潜在危害进行风险分析和评估。国务院卫生健康、市场监督管理等部门发现需要对农产品进行质量安全风险评估的，应当向国务院农业农村主管部门提出风险评估建议。

农产品质量安全风险评估专家委员会由农业、食品、营养、生物、环境、医学、化工等方面的专家组成。

第十五条　国务院农业农村主管部门应当根据农产品质量安全风险监测、风险评估结果采取相应的管理措施，并将农产品质量安全风险监测、风险评估结果及时通报国务院市场监督管理、卫生健康等部门和有关省、自治区、直辖市人民政府农业农村主管部门。

县级以上人民政府农业农村主管部门开展农产品质量安全风险监测和风险评估工作时，可以根据需要进入农产品产地、储存场所及批发、零售市场。采集样品应当按照市场价格支付费用。

第十六条　国家建立健全农产品质量安全标准体系，确保严格实施。农产品质量安全标准是强制执行的标准，包括以下与农产品质量安全有关的要求：

（一）农业投入品质量要求、使用范围、用法、用量、安全间隔期和休药期规定；

（二）农产品产地环境、生产过程管控、储存、运输要求；

（三）农产品关键成分指标等要求；

（四）与屠宰畜禽有关的检验规程；

（五）其他与农产品质量安全有关的强制性要求。

《中华人民共和国食品安全法》对食用农产品的有关质量安全标准作出规定的，依照其规定执行。

第十七条　农产品质量安全标准的制定和发布，依照法律、行政法规的规定执行。

制定农产品质量安全标准应当充分考虑农产品质量安全风险评估结果，并听取农产品生产经营者、消费者、有关部门、行业协会等的意见，保障农产品消费安全。

第十八条　农产品质量安全标准应当根据科学技术发展水平以及农产品质量安全的需要，及时修订。

第十九条　农产品质量安全标准由农业农村主管部门商有关部门推进实施。

第三章　农产品产地

第二十条　国家建立健全农产品产地监测制度。

县级以上地方人民政府农业农村主管部门应当会同同级生态环境、自然资源等部门制定农产品产地监测计划，加强农产品产地安全调查、监测和评价工作。

第二十一条　县级以上地方人民政府农业农村主管部门应当会同同级生态环境、自然资源等部门按照保障农产品质量安全的要求，根据农产品品种特性和产地安全调查、监测、评价结果，依照土壤污染防治等法律、法规的规定提出划定特定农产品禁止生产区域的建议，报本级人民政府批准后实施。

任何单位和个人不得在特定农产品禁止生产区域种植、养殖、捕捞、采集特定农产品和建立特定农产品生产基地。

特定农产品禁止生产区域划定和管理的具体办法由国务院农业农村主管部门商国务院生态环境、自然资源等部门制定。

第二十二条　任何单位和个人不得违反有关环境保护法律、法规的规定向农产品产地排放或者倾倒废水、废气、固体废物或者其他有毒有害物质。

农业生产用水和用作肥料的固体废物，应当符合法律、法规和国家有关强制性标准的要求。

第二十三条　农产品生产者应当科学合理使用农药、兽药、肥料、农用薄膜等农业投入品，防止对农产品产地造成污染。

农药、肥料、农用薄膜等农业投入品的生产者、经营者、使用者应当按照国家有关规定回收并妥善处置包装物和废弃物。

第二十四条　县级以上人民政府应当采取措施，加强农产品基地建设，推进农业标准化示范建设，改善农产品的生产条件。

第四章　农产品生产

第二十五条　县级以上地方人民政府农业农村主管部门应当根据本地区的实际情况，制定保障农产品质量安全的生产技术要求和操作规程，并加强对农产品生产经营者的培训和指导。

农业技术推广机构应当加强对农产品生产经营者质量安全知识和技能的培训。国家鼓励科研教育机构开展农产品质量安全培训。

第二十六条　农产品生产企业、农民专业合作社、农业社会化服务组织应当加强农产品质量安全管理。

农产品生产企业应当建立农产品质量安全管理制度，配备相应的技术人员；不具备配备条件的，应当委托具有专业技术知识的人员进行农产品质量安全指导。

国家鼓励和支持农产品生产企业、农民专业合作社、农业社会化服务组织建立和实施危害分析和关键控制点体系，实施良好农业规范，提高农产品质量安全管理水平。

第二十七条　农产品生产企业、农民专业合作社、农业社会化服务组织应当建立农产品生产记录，如实记载下列事项：

（一）使用农业投入品的名称、来源、用法、用量和使用、停用的日期；

（二）动物疫病、农作物病虫害的发生和防治情况；

（三）收获、屠宰或者捕捞的日期。

农产品生产记录应当至少保存二年。禁止伪造、变造农产品生产记录。

国家鼓励其他农产品生产者建立农产品生产记录。

第二十八条　对可能影响农产品质量安全的农药、兽药、饲料和饲料添加剂、肥料、兽医器械，依照有关法律、行政法规的规定实行许可制度。

省级以上人民政府农业农村主管部门应当定期或者不定期组织对可能危及农产品质量安全的农药、兽药、饲料和饲料添加剂、肥料等农业投入品进行监督抽查，并公布抽查结果。

农药、兽药经营者应当依照有关法律、行政法规的规定建立销售台账，记录购买者、销售日期和药品施用范围等内容。

第二十九条　农产品生产经营者应当依照有关法律、行政法规和国家有关强制性标准、国务院农业农村主管部门的规定，科学合理使用农药、兽药、饲料和饲料添加剂、肥料等农业投入品，严格执行农业投入品使用安全间隔期或者休药期的规定；不得超范围、超剂量使用农业投入品危及农产品质量安全。

禁止在农产品生产经营过程中使用国家禁止使用的农业投入品以及其他有毒有害物质。

第三十条　农产品生产场所以及生产活动中使用的设施、设备、消毒剂、洗涤剂等应当符合国家有关质量安全规定，防止污染农产品。

第三十一条　县级以上人民政府农业农村主管部门应当加强对农业投入品使用的监督管理和指导，建立健全农业投入品的安全使用制度，推广农业投入品科学使用技术，普及安全、环保农业投入品的使用。

第三十二条　国家鼓励和支持农产品生产经营者选用优质特色农产品品种，采用绿色生产技术和全程质量控制技术，生产绿色优质农产品，实施分等分级，提高农产品品质，打造农产品品牌。

第三十三条　国家支持农产品产地冷链物流基础设施建设，健全有关农产品冷链物流标准、服务规范和监管保障机制，保障冷链物流农产品畅通高效、安全便捷，扩大高品质市场供给。

从事农产品冷链物流的生产经营者应当依照法律、法规和有关农产品质量安全标准，加强冷链技术创新与应用、质量安全控制，执行对冷链物流农产品及其包装、运输工具、作业环境等的检验检测检疫要求，保证冷链农产品质量安全。

第五章 农产品销售

第三十四条 销售的农产品应当符合农产品质量安全标准。

农产品生产企业、农民专业合作社应当根据质量安全控制要求自行或者委托检测机构对农产品质量安全进行检测；经检测不符合农产品质量安全标准的农产品，应当及时采取管控措施，且不得销售。

农业技术推广等机构应当为农户等农产品生产经营者提供农产品检测技术服务。

第三十五条 农产品在包装、保鲜、储存、运输中所使用的保鲜剂、防腐剂、添加剂、包装材料等，应当符合国家有关强制性标准以及其他农产品质量安全规定。

储存、运输农产品的容器、工具和设备应当安全、无害。禁止将农产品与有毒有害物质一同储存、运输，防止污染农产品。

第三十六条 有下列情形之一的农产品，不得销售：

（一）含有国家禁止使用的农药、兽药或者其他化合物；

（二）农药、兽药等化学物质残留或者含有的重金属等有毒有害物质不符合农产品质量安全标准；

（三）含有的致病性寄生虫、微生物或者生物毒素不符合农产品质量安全标准；

（四）未按照国家有关强制性标准以及其他农产品质量安全规定使用保鲜剂、防腐剂、添加剂、包装材料等，或者使用的保鲜剂、防腐剂、添加剂、包装材料等不符合国家有关强制性标准以及其他质量安全规定；

（五）病死、毒死或者死因不明的动物及其产品；

（六）其他不符合农产品质量安全标准的情形。

对前款规定不得销售的农产品，应当依照法律、法规的规定进行处置。

第三十七条 农产品批发市场应当按照规定设立或者委托检测机构，对进场销售的农产品质量安全状况进行抽查检测；发现不符合农产品质量安全标准的，应当要求销售者立即停止销售，并向所在地市场监督管理、农业农村等部门报告。

农产品销售企业对其销售的农产品，应当建立健全进货检查验收制度；经查验不符合农产品质量安全标准的，不得销售。

食品生产者采购农产品等食品原料，应当依照《中华人民共和国食品安全法》的规定查验许可证和合格证明，对无法提供合格证明的，应当按照规定进行检验。

第三十八条　农产品生产企业、农民专业合作社以及从事农产品收购的单位或者个人销售的农产品，按照规定应当包装或者附加承诺达标合格证等标识的，须经包装或者附加标识后方可销售。包装物或者标识上应当按照规定标明产品的品名、产地、生产者、生产日期、保质期、产品质量等级等内容；使用添加剂的，还应当按照规定标明添加剂的名称。具体办法由国务院农业农村主管部门制定。

第三十九条　农产品生产企业、农民专业合作社应当执行法律、法规的规定和国家有关强制性标准，保证其销售的农产品符合农产品质量安全标准，并根据质量安全控制、检测结果等开具承诺达标合格证，承诺不使用禁用的农药、兽药及其他化合物且使用的常规农药、兽药残留不超标等。鼓励和支持农户销售农产品时开具承诺达标合格证。法律、行政法规对畜禽产品的质量安全合格证明有特别规定的，应当遵守其规定。

从事农产品收购的单位或者个人应当按照规定收取、保存承诺达标合格证或者其他质量安全合格证明，对其收购的农产品进行混装或者分装后销售的，应当按照规定开具承诺达标合格证。

农产品批发市场应当建立健全农产品承诺达标合格证查验等制度。

县级以上人民政府农业农村主管部门应当做好承诺达标合格证有关工作的指导服务，加强日常监督检查。

农产品质量安全承诺达标合格证管理办法由国务院农业农村主管部门会同国务院有关部门制定。

第四十条　农产品生产经营者通过网络平台销售农产品的，应当依照本法和《中华人民共和国电子商务法》《中华人民共和国食品安全法》等法律、法规的规定，严格落实质量安全责任，保证其销售的农产品符合质量安全标准。网络平台经营者应当依法加强对农产品生产经营者的管理。

第四十一条　国家对列入农产品质量安全追溯目录的农产品实施追溯管理。国务院农业农村主管部门应当会同国务院市场监督管理等部门建立农产品质量安全追溯协作机制。农产品质量安全追溯管理办法和追溯目录由国务院农业农村主管部门会同国务院市场监督管理等部门制定。

国家鼓励具备信息化条件的农产品生产经营者采用现代信息技术手段采集、留存生产记录、购销记录等生产经营信息。

第四十二条　农产品质量符合国家规定的有关优质农产品标准的，农产品生产经营者可以申请使用农产品质量标志。禁止冒用农产品质量标志。

国家加强地理标志农产品保护和管理。

第四十三条　属于农业转基因生物的农产品，应当按照农业转基因生物安全管理的有关规定进行标识。

第四十四条 依法需要实施检疫的动植物及其产品，应当附具检疫标志、检疫证明。

第六章 监督管理

第四十五条 县级以上人民政府农业农村主管部门和市场监督管理等部门应当建立健全农产品质量安全全程监督管理协作机制，确保农产品从生产到消费各环节的质量安全。

县级以上人民政府农业农村主管部门和市场监督管理部门应当加强收购、储存、运输过程中农产品质量安全监督管理的协调配合和执法衔接，及时通报和共享农产品质量安全监督管理信息，并按照职责权限，发布有关农产品质量安全日常监督管理信息。

第四十六条 县级以上人民政府农业农村主管部门应当根据农产品质量安全风险监测、风险评估结果和农产品质量安全状况等，制定监督抽查计划，确定农产品质量安全监督抽查的重点、方式和频次，并实施农产品质量安全风险分级管理。

第四十七条 县级以上人民政府农业农村主管部门应当建立健全随机抽查机制，按照监督抽查计划，组织开展农产品质量安全监督抽查。

农产品质量安全监督抽查检测应当委托符合本法规定条件的农产品质量安全检测机构进行。监督抽查不得向被抽查人收取费用，抽取的样品应当按照市场价格支付费用，并不得超过国务院农业农村主管部门规定的数量。

上级农业农村主管部门监督抽查的同批次农产品，下级农业农村主管部门不得另行重复抽查。

第四十八条 农产品质量安全检测应当充分利用现有的符合条件的检测机构。

从事农产品质量安全检测的机构，应当具备相应的检测条件和能力，由省级以上人民政府农业农村主管部门或者其授权的部门考核合格。具体办法由国务院农业农村主管部门制定。

农产品质量安全检测机构应当依法经资质认定。

第四十九条 从事农产品质量安全检测工作的人员，应当具备相应的专业知识和实际操作技能，遵纪守法，恪守职业道德。

农产品质量安全检测机构对出具的检测报告负责。检测报告应当客观公正，检测数据应当真实可靠，禁止出具虚假检测报告。

第五十条 县级以上地方人民政府农业农村主管部门可以采用国务院农业农村主管部门会同国务院市场监督管理等部门认定的快速检测方法，开展农产品质量安全监督抽查检测。抽查检测结果确定有关农产品不符合农产品质量安全标准的，可以作为行政处罚的证据。

第五十一条 农产品生产经营者对监督抽查检测结果有异议的，可以自收到检测结果之日起五个工作日内，向实施农产品质量安全监督抽查的农业农村主管部门或者其上一级农业农村主管部门申请复检。复检机构与初检机构不得为同一机构。

采用快速检测方法进行农产品质量安全监督抽查检测，被抽查人对检测结果有异议的，可以自收到检测结果时起四小时内申请复检。复检不得采用快速检测方法。

复检机构应当自收到复检样品之日起七个工作日内出具检测报告。

因检测结果错误给当事人造成损害的，依法承担赔偿责任。

第五十二条 县级以上地方人民政府农业农村主管部门应当加强对农产品生产的监督管理，开展日常检查，重点检查农产品产地环境、农业投入品购买和使用、农产品生产记录、承诺达标合格证开具等情况。

国家鼓励和支持基层群众性自治组织建立农产品质量安全信息员工作制度，协助开展有关工作。

第五十三条 开展农产品质量安全监督检查，有权采取下列措施：

（一）进入生产经营场所进行现场检查，调查了解农产品质量安全的有关情况；

（二）查阅、复制农产品生产记录、购销台账等与农产品质量安全有关的资料；

（三）抽样检测生产经营的农产品和使用的农业投入品以及其他有关产品；

（四）查封、扣押有证据证明存在农产品质量安全隐患或者经检测不符合农产品质量安全标准的农产品；

（五）查封、扣押有证据证明可能危及农产品质量安全或者经检测不符合产品质量标准的农业投入品以及其他有毒有害物质；

（六）查封、扣押用于违法生产经营农产品的设施、设备、场所以及运输工具；

（七）收缴伪造的农产品质量标志。

农产品生产经营者应当协助、配合农产品质量安全监督检查，不得拒绝、阻挠。

第五十四条 县级以上人民政府农业农村等部门应当加强农产品质量安全信用体系建设，建立农产品生产经营者信用记录，记载行政处罚等信息，推进农产品质量安全信用信息的应用和管理。

第五十五条 农产品生产经营过程中存在质量安全隐患，未及时采取措施消除的，县级以上地方人民政府农业农村主管部门可以对农产品生产经营者的法定代表人或者主要负责人进行责任约谈。农产品生产经营者应当立即采取措施，进行整改，消除隐患。

第五十六条 国家鼓励消费者协会和其他单位或者个人对农产品质量安全进行社

会监督，对农产品质量安全监督管理工作提出意见和建议。任何单位和个人有权对违反本法的行为进行检举控告、投诉举报。

县级以上人民政府农业农村主管部门应当建立农产品质量安全投诉举报制度，公开投诉举报渠道，收到投诉举报后，应当及时处理。对不属于本部门职责的，应当移交有权处理的部门并书面通知投诉举报人。

第五十七条 县级以上地方人民政府农业农村主管部门应当加强对农产品质量安全执法人员的专业技术培训并组织考核。不具备相应知识和能力的，不得从事农产品质量安全执法工作。

第五十八条 上级人民政府应当督促下级人民政府履行农产品质量安全职责。对农产品质量安全责任落实不力、问题突出的地方人民政府，上级人民政府可以对其主要负责人进行责任约谈。被约谈的地方人民政府应当立即采取整改措施。

第五十九条 国务院农业农村主管部门应当会同国务院有关部门制定国家农产品质量安全突发事件应急预案，并与国家食品安全事故应急预案相衔接。

县级以上地方人民政府应当根据有关法律、行政法规的规定和上级人民政府的农产品质量安全突发事件应急预案，制定本行政区域的农产品质量安全突发事件应急预案。

发生农产品质量安全事故时，有关单位和个人应当采取控制措施，及时向所在地乡镇人民政府和县级人民政府农业农村等部门报告；收到报告的机关应当按照农产品质量安全突发事件应急预案及时处理并报本级人民政府、上级人民政府有关部门。发生重大农产品质量安全事故时，按照规定上报国务院及其有关部门。

任何单位和个人不得隐瞒、谎报、缓报农产品质量安全事故，不得隐匿、伪造、毁灭有关证据。

第六十条 县级以上地方人民政府市场监督管理部门依照本法和《中华人民共和国食品安全法》等法律、法规的规定，对农产品进入批发、零售市场或者生产加工企业后的生产经营活动进行监督检查。

第六十一条 县级以上人民政府农业农村、市场监督管理等部门发现农产品质量安全违法行为涉嫌犯罪的，应当及时将案件移送公安机关。对移送的案件，公安机关应当及时审查；认为有犯罪事实需要追究刑事责任的，应当立案侦查。

公安机关对依法不需要追究刑事责任但应当给予行政处罚的，应当及时将案件移送农业农村、市场监督管理等部门，有关部门应当依法处理。

公安机关商请农业农村、市场监督管理、生态环境等部门提供检验结论、认定意见以及对涉案农产品进行无害化处理等协助的，有关部门应当及时提供、予以协助。

第七章 法律责任

第六十二条 违反本法规定，地方各级人民政府有下列情形之一的，对直接负责的主管人员和其他直接责任人员给予警告、记过、记大过处分；造成严重后果的，给予降级或者撤职处分：

（一）未确定有关部门的农产品质量安全监督管理工作职责，未建立健全农产品质量安全工作机制，或者未落实农产品质量安全监督管理责任；

（二）未制定本行政区域的农产品质量安全突发事件应急预案，或者发生农产品质量安全事故后未按照规定启动应急预案。

第六十三条 违反本法规定，县级以上人民政府农业农村等部门有下列行为之一的，对直接负责的主管人员和其他直接责任人员给予记大过处分；情节较重的，给予降级或者撤职处分；情节严重的，给予开除处分；造成严重后果的，其主要负责人还应当引咎辞职：

（一）隐瞒、谎报、缓报农产品质量安全事故或者隐匿、伪造、毁灭有关证据；

（二）未按照规定查处农产品质量安全事故，或者接到农产品质量安全事故报告未及时处理，造成事故扩大或者蔓延；

（三）发现农产品质量安全重大风险隐患后，未及时采取相应措施，造成农产品质量安全事故或者不良社会影响；

（四）不履行农产品质量安全监督管理职责，导致发生农产品质量安全事故。

第六十四条 县级以上地方人民政府农业农村、市场监督管理等部门在履行农产品质量安全监督管理职责过程中，违法实施检查、强制等执法措施，给农产品生产经营者造成损失的，应当依法予以赔偿，对直接负责的主管人员和其他直接责任人员依法给予处分。

第六十五条 农产品质量安全检测机构、检测人员出具虚假检测报告的，由县级以上人民政府农业农村主管部门没收所收取的检测费用，检测费用不足一万元的，并处五万元以上十万元以下罚款，检测费用一万元以上的，并处检测费用五倍以上十倍以下罚款；对直接负责的主管人员和其他直接责任人员处一万元以上五万元以下罚款；使消费者的合法权益受到损害的，农产品质量安全检测机构应当与农产品生产经营者承担连带责任。

因农产品质量安全违法行为受到刑事处罚或者因出具虚假检测报告导致发生重大农产品质量安全事故的检测人员，终身不得从事农产品质量安全检测工作。农产品质量安全检测机构不得聘用上述人员。

农产品质量安全检测机构有前两款违法行为的，由授予其资质的主管部门或者机构吊销该农产品质量安全检测机构的资质证书。

第六十六条 违反本法规定，在特定农产品禁止生产区域种植、养殖、捕捞、采集特定农产品或者建立特定农产品生产基地的，由县级以上地方人民政府农业农村主管部门责令停止违法行为，没收农产品和违法所得，并处违法所得一倍以上三倍以下罚款。

违反法律、法规规定，向农产品产地排放或者倾倒废水、废气、固体废物或者其他有毒有害物质的，依照有关环境保护法律、法规的规定处理、处罚；造成损害的，依法承担赔偿责任。

第六十七条 农药、肥料、农用薄膜等农业投入品的生产者、经营者、使用者未按照规定回收并妥善处置包装物或者废弃物的，由县级以上地方人民政府农业农村主管部门依照有关法律、法规的规定处理、处罚。

第六十八条 违反本法规定，农产品生产企业有下列情形之一的，由县级以上地方人民政府农业农村主管部门责令限期改正；逾期不改正的，处五千元以上五万元以下罚款：

（一）未建立农产品质量安全管理制度；

（二）未配备相应的农产品质量安全管理技术人员，且未委托具有专业技术知识的人员进行农产品质量安全指导。

第六十九条 农产品生产企业、农民专业合作社、农业社会化服务组织未依照本法规定建立、保存农产品生产记录，或者伪造、变造农产品生产记录的，由县级以上地方人民政府农业农村主管部门责令限期改正；逾期不改正的，处二千元以上二万元以下罚款。

第七十条 违反本法规定，农产品生产经营者有下列行为之一，尚不构成犯罪的，由县级以上地方人民政府农业农村主管部门责令停止生产经营、追回已经销售的农产品，对违法生产经营的农产品进行无害化处理或者予以监督销毁，没收违法所得，并可以没收用于违法生产经营的工具、设备、原料等物品；违法生产经营的农产品货值金额不足一万元的，并处十万元以上十五万元以下罚款，货值金额一万元以上的，并处货值金额十五倍以上三十倍以下罚款；对农户，并处一千元以上一万元以下罚款；情节严重的，有许可证的吊销许可证，并可以由公安机关对其直接负责的主管人员和其他直接责任人员处五日以上十五日以下拘留：

（一）在农产品生产经营过程中使用国家禁止使用的农业投入品或者其他有毒有害物质；

（二）销售含有国家禁止使用的农药、兽药或者其他化合物的农产品；

（三）销售病死、毒死或者死因不明的动物及其产品。

明知农产品生产经营者从事前款规定的违法行为，仍为其提供生产经营场所或者其他条件的，由县级以上地方人民政府农业农村主管部门责令停止违法行为，没收违法所得，并处十万元以上二十万元以下罚款；使消费者的合法权益受到损害的，应当与农产品生产经营者承担连带责任。

第七十一条　违反本法规定，农产品生产经营者有下列行为之一，尚不构成犯罪的，由县级以上地方人民政府农业农村主管部门责令停止生产经营、追回已经销售的农产品，对违法生产经营的农产品进行无害化处理或者予以监督销毁，没收违法所得，并可以没收用于违法生产经营的工具、设备、原料等物品；违法生产经营的农产品货值金额不足一万元的，并处五万元以上十万元以下罚款，货值金额一万元以上的，并处货值金额十倍以上二十倍以下罚款；对农户，并处五百元以上五千元以下罚款：

（一）销售农药、兽药等化学物质残留或者含有的重金属等有毒有害物质不符合农产品质量安全标准的农产品；

（二）销售含有的致病性寄生虫、微生物或者生物毒素不符合农产品质量安全标准的农产品；

（三）销售其他不符合农产品质量安全标准的农产品。

第七十二条　违反本法规定，农产品生产经营者有下列行为之一的，由县级以上地方人民政府农业农村主管部门责令停止生产经营、追回已经销售的农产品，对违法生产经营的农产品进行无害化处理或者予以监督销毁，没收违法所得，并可以没收用于违法生产经营的工具、设备、原料等物品；违法生产经营的农产品货值金额不足一万元的，并处五千元以上五万元以下罚款，货值金额一万元以上的，并处货值金额五倍以上十倍以下罚款；对农户，并处三百元以上三千元以下罚款：

（一）在农产品生产场所以及生产活动中使用的设施、设备、消毒剂、洗涤剂等不符合国家有关质量安全规定；

（二）未按照国家有关强制性标准或者其他农产品质量安全规定使用保鲜剂、防腐剂、添加剂、包装材料等，或者使用的保鲜剂、防腐剂、添加剂、包装材料等不符合国家有关强制性标准或者其他质量安全规定；

（三）将农产品与有毒有害物质一同储存、运输。

第七十三条　违反本法规定，有下列行为之一的，由县级以上地方人民政府农业农村主管部门按照职责给予批评教育，责令限期改正；逾期不改正的，处一百元以上一千元以下罚款：

（一）农产品生产企业、农民专业合作社、从事农产品收购的单位或者个人未按照规定开具承诺达标合格证；

（二）从事农产品收购的单位或者个人未按照规定收取、保存承诺达标合格证或者其他合格证明。

第七十四条 农产品生产经营者冒用农产品质量标志，或者销售冒用农产品质量标志的农产品的，由县级以上地方人民政府农业农村主管部门按照职责责令改正，没收违法所得；违法生产经营的农产品货值金额不足五千元的，并处五千元以上五万元以下罚款，货值金额五千元以上的，并处货值金额十倍以上二十倍以下罚款。

第七十五条 违反本法关于农产品质量安全追溯规定的，由县级以上地方人民政府农业农村主管部门按照职责责令限期改正；逾期不改正的，可以处一万元以下罚款。

第七十六条 违反本法规定，拒绝、阻挠依法开展的农产品质量安全监督检查、事故调查处理、抽样检测和风险评估的，由有关主管部门按照职责责令停产停业，并处二千元以上五万元以下罚款；构成违反治安管理行为的，由公安机关依法给予治安管理处罚。

第七十七条 《中华人民共和国食品安全法》对食用农产品进入批发、零售市场或者生产加工企业后的违法行为和法律责任有规定的，由县级以上地方人民政府市场监督管理部门依照其规定进行处罚。

第七十八条 违反本法规定，构成犯罪的，依法追究刑事责任。

第七十九条 违反本法规定，给消费者造成人身、财产或者其他损害的，依法承担民事赔偿责任。生产经营者财产不足以同时承担民事赔偿责任和缴纳罚款、罚金时，先承担民事赔偿责任。

食用农产品生产经营者违反本法规定，污染环境、侵害众多消费者合法权益，损害社会公共利益的，人民检察院可以依照《中华人民共和国民事诉讼法》《中华人民共和国行政诉讼法》等法律的规定向人民法院提起诉讼。

第八章 附 则

第八十条 粮食收购、储存、运输环节的质量安全管理，依照有关粮食管理的法律、行政法规执行。

第八十一条 本法自 2023 年 1 月 1 日起施行。

附录二
有机产品认证管理办法

第一章 总 则

第一条 为了维护消费者、生产者和销售者合法权益，进一步提高有机产品质量，加强有机产品认证管理，促进生态环境保护和可持续发展，根据《中华人民共和国产品质量法》《中华人民共和国进出口商品检验法》《中华人民共和国认证认可条例》等法律、行政法规的规定，制定本办法。

第二条 在中华人民共和国境内从事有机产品认证以及获证有机产品生产、加工、进口和销售活动，应当遵守本办法。

第三条 本办法所称有机产品，是指生产、加工和销售符合中国有机产品国家标准的供人类消费、动物食用的产品。

本办法所称有机产品认证，是指认证机构依照本办法的规定，按照有机产品认证规则，对相关产品的生产、加工和销售活动符合中国有机产品国家标准进行的合格评定活动。

第四条 国家市场监督管理总局负责全国有机产品认证的统一管理、监督和综合协调工作。

地方市场监督管理部门负责所辖区域内有机产品认证活动的监督管理工作。

第五条 国家推行统一的有机产品认证制度，实行统一的认证目录、统一的标准和认证实施规则、统一的认证标志。

国家市场监督管理总局负责制定和调整有机产品认证目录、认证实施规则，并对外公布。

第六条 国家市场监督管理总局按照平等互利的原则组织开展有机产品认证国际合作。

开展有机产品认证国际互认活动，应当在国家对外签署的国际合作协议内进行。

第二章 认证实施

第七条 有机产品认证机构（以下简称认证机构）应当依法取得法人资格，并经国家市场监督管理总局批准后，方可从事批准范围内的有机产品认证活动。

认证机构实施认证活动的能力应当符合有关产品认证机构国家标准的要求。

从事有机产品认证检查活动的检查员，应当经国家认证人员注册机构注册后，方可从事有机产品认证检查活动。

第八条　有机产品生产者、加工者（以下统称认证委托人），可以自愿委托认证机构进行有机产品认证，并提交有机产品认证实施规则中规定的申请材料。

认证机构不得受理不符合国家规定的有机产品生产产地环境要求，以及有机产品认证目录外产品的认证委托人的认证委托。

第九条　认证机构应当自收到认证委托人申请材料之日起 10 日内，完成材料审核，并作出是否受理的决定。对于不予受理的，应当书面通知认证委托人，并说明理由。

认证机构应当在对认证委托人实施现场检查前 5 日内，将认证委托人、认证检查方案等基本信息报送至国家市场监督管理总局确定的信息系统。

第十条　认证机构受理认证委托后，认证机构应当按照有机产品认证实施规则的规定，由认证检查员对有机产品生产、加工场所进行现场检查，并应当委托具有法定资质的检验检测机构对申请认证的产品进行检验检测。

按照有机产品认证实施规则的规定，需要进行产地（基地）环境监（检）测的，由具有法定资质的监（检）测机构出具监（检）测报告，或者采信认证委托人提供的其他合法有效的环境监（检）测结论。

第十一条　符合有机产品认证要求的，认证机构应当及时向认证委托人出具有机产品认证证书，允许其使用中国有机产品认证标志；对不符合认证要求的，应当书面通知认证委托人，并说明理由。

认证机构及认证人员应当对其作出的认证结论负责。

第十二条　认证机构应当保证认证过程的完整、客观、真实，并对认证过程作出完整记录，归档留存，保证认证过程和结果具有可追溯性。

产品检验检测和环境监（检）测机构应当确保检验检测、监测结论的真实、准确，并对检验检测、监测过程作出完整记录，归档留存。产品检验检测、环境监测机构及其相关人员应当对其作出的检验检测、监测报告的内容和结论负责。

本条规定的记录保存期为 5 年。

第十三条　认证机构应当按照认证实施规则的规定，对获证产品及其生产、加工过程实施有效跟踪检查，以保证认证结论能够持续符合认证要求。

第十四条　认证机构应当及时向认证委托人出具有机产品销售证，以保证获证产品的认证委托人所销售的有机产品类别、范围和数量与认证证书中的记载一致。

第十五条　有机配料含量（指重量或者液体体积，不包括水和盐，下同）等于或者高于95%的加工产品，应当在获得有机产品认证后，方可在产品或者产品包装及标签上标注"有机"字样，加施有机产品认证标志。

第十六条　认证机构不得对有机配料含量低于95%的加工产品进行有机认证。

第三章　有机产品进口

第十七条　向中国出口有机产品的国家或者地区的有机产品主管机构，可以向国家市场监督管理总局提出有机产品认证体系等效性评估申请，国家市场监督管理总局受理其申请，并组织有关专家对提交的申请进行评估。

评估可以采取文件审查、现场检查等方式进行。

第十八条　向中国出口有机产品的国家或者地区的有机产品认证体系与中国有机产品认证体系等效的，国家市场监督管理总局可以与其主管部门签署相关备忘录。

该国家或者地区出口至中国的有机产品，依照相关备忘录的规定实施管理。

第十九条　未与国家市场监督管理总局就有机产品认证体系等效性方面签署相关备忘录的国家或者地区的进口产品，拟作为有机产品向中国出口时，应当符合中国有机产品相关法律法规和中国有机产品国家标准的要求。

第二十条　需要获得中国有机产品认证的进口产品生产商、销售商、进口商或者代理商（以下统称进口有机产品认证委托人），应当向经国家市场监督管理总局批准的认证机构提出认证委托。

第二十一条　进口有机产品认证委托人应当按照有机产品认证实施规则的规定，向认证机构提交相关申请资料和文件，其中申请书、调查表、加工工艺流程、产品配方和生产、加工过程中使用的投入品等认证申请材料、文件，应当同时提交中文版本。申请材料不符合要求的，认证机构应当不予受理其认证委托。

认证机构从事进口有机产品认证活动应当符合本办法和有机产品认证实施规则的规定，认证检查记录和检查报告等应当有中文版本。

第二十二条　进口有机产品申报入境检验检疫时，应当提交其所获中国有机产品认证证书复印件、有机产品销售证复印件、认证标志和产品标识等文件。

第二十三条　自对进口有机产品认证委托人出具有机产品认证证书起30日内，认证机构应当向国家市场监督管理总局提交以下书面材料：

（一）获证产品类别、范围和数量；

（二）进口有机产品认证委托人的名称、地址和联系方式；

（三）获证产品生产商、进口商的名称、地址和联系方式；

（四）认证证书和检查报告复印件（中外文版本）；

（五）国家市场监督管理总局规定的其他材料。

第四章　认证证书和认证标志

第二十四条　国家市场监督管理总局负责制定有机产品认证证书的基本格式、编号规则和认证标志的式样、编号规则。

第二十五条　认证证书有效期为 1 年。

第二十六条　认证证书应当包括以下内容：

（一）认证委托人的名称、地址；

（二）获证产品的生产者、加工者以及产地（基地）的名称、地址；

（三）获证产品的数量、产地（基地）面积和产品种类；

（四）认证类别；

（五）依据的国家标准或者技术规范；

（六）认证机构名称及其负责人签字、发证日期、有效期。

第二十七条　获证产品在认证证书有效期内，有下列情形之一的，认证委托人应当在 15 日内向认证机构申请变更。认证机构应当自收到认证证书变更申请之日起 30 日内，对认证证书进行变更：

（一）认证委托人或者有机产品生产、加工单位名称或者法人性质发生变更的；

（二）产品种类和数量减少的；

（三）其他需要变更认证证书的情形。

第二十八条　有下列情形之一的，认证机构应当在 30 日内注销认证证书，并对外公布：

（一）认证证书有效期届满，未申请延续使用的；

（二）获证产品不再生产的；

（三）获证产品的认证委托人申请注销的；

（四）其他需要注销认证证书的情形。

第二十九条　有下列情形之一的，认证机构应当在 15 日内暂停认证证书，认证证书暂停期为 1 至 3 个月，并对外公布：

（一）未按照规定使用认证证书或者认证标志的；

（二）获证产品的生产、加工、销售等活动或者管理体系不符合认证要求，且经认证机构评估在暂停期限内能够采取有效纠正或者纠正措施的；

（三）其他需要暂停认证证书的情形。

第三十条　有下列情形之一的，认证机构应当在 7 日内撤销认证证书，并对外公布：

（一）获证产品质量不符合国家相关法规、标准强制要求或者被检出有机产品国家标准禁用物质的；

（二）获证产品生产、加工活动中使用了有机产品国家标准禁用物质或者受到禁用物质污染的；

（三）获证产品的认证委托人虚报、瞒报获证所需信息的；

（四）获证产品的认证委托人超范围使用认证标志的；

（五）获证产品的产地（基地）环境质量不符合认证要求的；

（六）获证产品的生产、加工、销售等活动或者管理体系不符合认证要求，且在认证证书暂停期间，未采取有效纠正或者纠正措施的；

（七）获证产品在认证证书标明的生产、加工场所外进行了再次加工、分装、分割的；

（八）获证产品的认证委托人对相关方重大投诉且确有问题未能采取有效处理措施的；

（九）获证产品的认证委托人从事有机产品认证活动因违反国家农产品、食品安全管理相关法律法规，受到相关行政处罚的；

（十）获证产品的认证委托人拒不接受市场监督管理部门或者认证机构对其实施监督的；

（十一）其他需要撤销认证证书的情形。

第三十一条 有机产品认证标志为中国有机产品认证标志。

中国有机产品认证标志标有中文"中国有机产品"字样和英文"ORGANIC"字样。图案如下：

C:100 M:0 Y:100 K:0
C:0 M:60 Y:100 K:0

第三十二条 中国有机产品认证标志应当在认证证书限定的产品类别、范围和数量内使用。

认证机构应当按照国家市场监督管理总局统一的编号规则，对每枚认证标志进行唯一编号（以下简称有机码），并采取有效防伪、追溯技术，确保发放的每枚认证标志能够溯源到其对应的认证证书和获证产品及其生产、加工单位。

第三十三条 获证产品的认证委托人应当在获证产品或者产品的最小销售包装上，加施中国有机产品认证标志、有机码和认证机构名称。

获证产品标签、说明书及广告宣传等材料上可以印制中国有机产品认证标志，并可以按照比例放大或者缩小，但不得变形、变色。

第三十四条 有下列情形之一的，任何单位和个人不得在产品、产品最小销售包装及其标签上标注含有"有机""ORGANIC"等字样且可能误导公众认为该产品为有机产品的文字表述和图案：

（一）未获得有机产品认证的；

（二）获证产品在认证证书标明的生产、加工场所外进行了再次加工、分装、分割的。

第三十五条 认证证书暂停期间，获证产品的认证委托人应当暂停使用认证证书和认证标志；认证证书注销、撤销后，认证委托人应当向认证机构交回认证证书和未使用的认证标志。

第五章　监督管理

第三十六条 国家市场监督管理总局对有机产品认证活动组织实施监督检查和不定期的专项监督检查。

第三十七条 县级以上地方市场监督管理部门应当依法对所辖区域的有机产品认证活动进行监督检查，查处获证有机产品生产、加工、销售活动中的违法行为。

第三十八条 县级以上地方市场监督管理部门的监督检查的方式包括：

（一）对有机产品认证活动是否符合本办法和有机产品认证实施规则规定的监督检查；

（二）对获证产品的监督抽查；

（三）对获证产品认证、生产、加工、进口、销售单位的监督检查；

（四）对有机产品认证证书、认证标志的监督检查；

（五）对有机产品认证咨询活动是否符合相关规定的监督检查；

（六）对有机产品认证和认证咨询活动举报的调查处理；

（七）对违法行为的依法查处。

第三十九条 国家市场监督管理总局通过信息系统，定期公布有机产品认证动态信息。

认证机构在出具认证证书之前，应当按要求及时向信息系统报送有机产品认证相关信息，并获取认证证书编号。

认证机构在发放认证标志之前，应当将认证标志、有机码的相关信息上传到信息系统。

县级以上地方市场监督管理部门通过信息系统，根据认证机构报送和上传的认证相关信息，对所辖区域内开展的有机产品认证活动进行监督检查。

第四十条　获证产品的认证委托人以及有机产品销售单位和个人，在产品生产、加工、包装、贮藏、运输和销售等过程中，应当建立完善的产品质量安全追溯体系和生产、加工、销售记录档案制度。

第四十一条　有机产品销售单位和个人在采购、贮藏、运输、销售有机产品的活动中，应当符合有机产品国家标准的规定，保证销售的有机产品类别、范围和数量与销售证中的产品类别、范围和数量一致，并能够提供与正本内容一致的认证证书和有机产品销售证的复印件，以备相关行政监管部门或者消费者查询。

第四十二条　市场监督管理部门可以根据国家有关部门发布的动植物疫情、环境污染风险预警等信息，以及监督检查、消费者投诉举报、媒体反映等情况，及时发布关于有机产品认证区域、获证产品及其认证委托人、认证机构的认证风险预警信息，并采取相关应对措施。

第四十三条　获证产品的认证委托人提供虚假信息、违规使用禁用物质、超范围使用有机认证标志，或者出现产品质量安全重大事故的，认证机构 5 年内不得受理该企业及其生产基地、加工场所的有机产品认证委托。

第四十四条　认证委托人对认证机构的认证结论或者处理决定有异议的，可以向认证机构提出申诉。

第四十五条　任何单位和个人对有机产品认证活动中的违法行为，可以向市场监督管理部门举报。市场监督管理部门应当及时调查处理，并为举报人保密。

第六章　罚　则

第四十六条　伪造、冒用、非法买卖认证标志的，县级以上地方市场监督管理部门依照《中华人民共和国产品质量法》《中华人民共和国进出口商品检验法》及其实施条例等法律、行政法规的规定处罚。

第四十七条　伪造、变造、冒用、非法买卖、转让、涂改认证证书的，县级以上地方市场监督管理部门责令改正，处 3 万元罚款。

违反本办法第三十九条第二款的规定，认证机构在其出具的认证证书上自行编制认证证书编号的，视为伪造认证证书。

第四十八条　违反本办法第三十四条的规定，在产品或者产品包装及标签上标注含有"有机""ORGANIC"等字样且可能误导公众认为该产品为有机产品的文字表述和图案的，县级以上地方市场监督管理部门责令改正，处 3 万元以下罚款。

第四十九条 认证机构有下列情形之一的，国家市场监督管理总局应当责令改正，予以警告，并对外公布：

（一）未依照本办法第三十九条第三款的规定，将有机产品认证标志、有机码上传到国家市场监督管理总局确定的信息系统的；

（二）未依照本办法第九条第二款的规定，向国家市场监督管理总局确定的信息系统报送相关认证信息或者其所报送信息失实的；

（三）未依照本办法第二十三条的规定，向国家市场监督管理总局提交相关材料备案的。

第五十条 违反本办法第十六条的规定，认证机构对有机配料含量低于 95% 的加工产品进行有机认证的，县级以上地方市场监督管理部门责令改正，处 3 万元以下罚款。

第五十一条 认证机构违反本办法第二十九条、第三十条的规定，未及时暂停或者撤销认证证书并对外公布的，依照《中华人民共和国认证认可条例》第五十九条的规定处罚。

第五十二条 认证机构、获证产品的认证委托人拒绝接受国家市场监督管理总局或者县级以上地方市场监督管理部门监督检查的，责令限期改正；逾期未改正的，处 3 万元以下罚款。

第五十三条 有机产品认证活动中的其他违法行为，依照有关法律、行政法规、部门规章的规定处罚。

第七章　附　则

第五十四条 有机产品认证收费应当依照国家有关价格法律、行政法规的规定执行。

第五十五条 出口的有机产品，应当符合进口国家或者地区的要求。

第五十六条 本办法所称有机配料，是指在制造或者加工有机产品时使用并存在（包括改性的形式存在）于产品中的任何物质，包括添加剂。

第五十七条 本办法由国家市场监督管理总局负责解释。

第五十八条 本办法自 2014 年 4 月 1 日起施行。国家质检总局 2004 年 11 月 5 日公布的《有机产品认证管理办法》（国家质检总局第 67 号令）同时废止。